Herausgeber J. Christoph Bürkle

Beat Rothen. Wohnbau

Konzept	Beat Rothen
Fotografien	Thomas Flechtner, Ralph Hut, Susanne Stauss, Gaston Wicky
Gestaltung, Litho und Satz	Team hp Schneider, Räterschen
Lektorat	Miriam Seifert-Waibel
Druck	Heer Druck AG, Sulgen
Bindearbeit	Buchbinderei Burkhardt AG, Mönchaltorf-Zürich

© 2005 by Verlag Niggli AG, Sulgen | Zürich
ISBN 3-7212-0561-8

Beat Rothen. **Wohnbau**

Herausgeber J. Christoph Bürkle   Niggli

Inhaltsverzeichnis

Das Spektakuläre des Alltäglichen *J. Christoph Bürkle*	6 – 9	
Selbstverständlich und unprätentiös *Hubertus Adam*	10 – 17	
Zwischen Pragmatismus, **Innovation und Provokation** *Adrian Mebold*	18 – 23	
Einfamilienhaus **Uhwiesen**	26 – 31	86 – 87
Einfamilienhaus **Hammerweg** Winterthur	32 – 37	88 – 89
Einfamilienhaus **Hinwil**	38 – 43	90 – 91
Mehrfamilienhaus **Rütihofstrasse** Winterthur	46 – 51	92 – 93
Mehrfamilienhaus **Neumühle Töss** Winterthur	52 – 57	94 – 95
Wohnüberbauung **Sanierung Zelgli** Winterthur	60 – 63	96 – 97
Wohnüberbauung **Erweiterung Zelgli** Winterthur	64 – 69	98 – 99
Wohnüberbauung **Weinbergstrasse** Winterthur	70 – 75	100 – 101
Wohnüberbauung **Ninck-Areal** Winterthur	76 – 83	102 – 103

Anhang

Werkverzeichnis	106 – 109
Bibliografie	110 – 113
Mitarbeiterinnen und Mitarbeiter	114
Biografie	115
Bildnachweis	116

J. Christoph Bürkle
Das Spektakuläre des Alltäglichen

Aufgefallen ist Beat Rothen zunächst mit einem Haus an einem unspektakulären Hang in Uhwiesen. Dieses ist umgeben von Einfamilienhäusern und ragt wie ein Widerhaken aus der Landschaft. Der Ort hatte nichts Spezifisches, nichts was für den Entwurf ein ausschlaggebendes Moment hätte sein können. Aber Beat Rothen reizen gerade solche Projekte: komplizierte Aufgaben, die zu einfachen Lösungen führen. Das Haus in Uhwiesen thematisiert zum einen sich selbst, will zugleich aber auch seine Angemessenheit am Ort widerspiegeln. So entstand ein scharfgeschnittener, monolithischer Block, der wie selbstverständlich in den Hang gesetzt erscheint. Die Längsseite verläuft parallel zum Hang, der eine Entsprechung in der Dachneigung findet. Drei Seiten des Hauses sind nahezu ganz geschlossen, bilden eine massive Klammer, während die Hangseite verglast ist und sich dem Blick in die Landschaft vollständig öffnet. Dahinter befindet sich der grosse Wohnraum, der über eine Empore mit den Schlafräumen im oberen Geschoss verbunden ist. Das grosse, geneigte Dach verleiht dem eher kleinen Haus Grosszügigkeit und verbindet die verschiedenen Raumvolumina. Die speziellen, für die Fassadenverkleidung verwendeten Zementsteine umfassen das Haus mit einer durchgehenden Schale, geben ihm ein spezifisches Äusseres und verweisen zugleich auf die traditionelle Verwendung einfacher Materialien beim ländlichen Bauen.

Das Besondere aus dem Einfachen herauszuarbeiten, ist für Beat Rothen Herausforderung und Anliegen zugleich. Er ist in praktischer Hinsicht ebenso gewappnet wie für den theoretischen Diskurs. Beides scheint ihm gleich wichtig, um im Winterthurer Umfeld seine Vorstellung von Architektur erfolgreich durch- und auch umzusetzen.
Eine erste grössere Aufgabe stellte die Wohnüberbauung in der Weinbergstrasse, deren markantes Erscheinungsbild er mit «Homogenität aussen und kontrollierter Heterogenität im Inneren» beschreibt. Die ruhigen, fast klassisch gerasterten Bauten nehmen die Proportionen der umliegenden Häuser auf und stehen zugleich für zeitgemässes städtisches Wohnen. Die Grundrisse sind variabel angelegt und können den veränderten Nutzungsbedürfnissen angepasst werden. Einzelne Räume sind unterschiedlichen Wohnungen zuteilbar und es besteht für die Eigentümer die Möglichkeit, den Wohnungsgrundriss nach den Vorgaben des Architekten selbst zu bestimmen – eine Reaktion auf die sich schnell verändernden Nutzungen von Bauten.

Über die Definition von Dauerhaftem und Provisorischem nachzudenken und in einer sich schnell verändernden Zeit zu adäquaten Lösungen zu kommen, ist für Rothen ein wichtiges Thema. Waren früher städtische Gebäude für eine ewige Lebensdauer konzipiert, so gilt es heutzutage für Notunterkünfte und für Provisorien für Schulen oder Verwaltungsgebäude einen gleichwohl angemessenen architektonischen Ausdruck zu finden, der dennoch auf längerfristige Bedürfnisse reagieren kann.

Rothen wehrt sich gegen Globalisierungstendenzen in der Architektur ebenso wie gegen rezeptives Entwerfen oder das allzu direkte Umsetzen von Analogien. Bei seinen Projekten werden die Themen konsequent aus der jeweiligen Aufgabe heraus und ortsspezifisch entwickelt. So zum Beispiel im Falle der Sanierung der Siedlung Zelgli in Winterthur, bei der Rothen auf die Idee kam, die Siedlung nicht nur zu sanieren, sondern zusätzlich mit einer angefügten Raumschicht zu erweitern. Für die erreichte Klarheit und Eindeutigkeit erhielt Rothen Anerkennung weit über Winterthur hinaus. Die Siedlung besteht aus acht parallel stehenden Zeilen mit jeweils sechs mal acht und zwei mal sechs Reiheneinfamilienhäusern. Mit Satteldächern, Fensterläden und Einrichtungsdetails im Heimatstil weist sie sowohl formal als auch hinsichtlich ihrer klar strukturierten Aussenräume einen sehr geschlossenen und eigenständigen Charakter auf. Gefordert war eine räumliche Erweiterung der Wohneinheiten und Rothen entschloss sich, die historisch geprägte Charakteristik beizubehalten, sie sogar noch zu steigern. An der Eingangsseite positionierte er eine drei Meter tiefe Raumschicht, welche die bestehende Bausubstanz sinnfällig ergänzt und die Raumgliederung der alten Bauten geschickt aufnimmt. Mit Flachdach und vorfabrizierten Bauelementen ausgeführt, ist diese neue Raumschicht völlig eigenständig, bildet jedoch zugleich eine Einheit mit dem Altbau. Die alten und neuen Schichten und Elemente im Haus überlagern sich, werden bewusst thematisiert und treten in einen eigenwilligen Dialog. Dieses Beispiel einer Erweiterung einer bestehenden Siedlung stellt ein sehr einfaches und konsequentes Verfahren dar, das zudem auch noch sehr kostengünstig ist. Bemerkenswert ist aber, dass Rothen seine eigene Entwurfstätigkeit ganz in den Dienst der Siedlung stellte und nicht formal zusätzlich hervorhob.

Die Siedlung Zelgli stellt keine Ausnahme im Werk Beat Rothens dar. Neues Entwerfen mit alter Substanz ist eines seiner Anliegen – ob es sich dabei nun um ein Baudenkmal oder um eine zunächst belanglose Alltagsarchitektur handelt. Derartige Bauaufgaben haben in den letzten Jahren enorm an Bedeutung gewonnen, und gerade in Winterthur ist die Umnutzung grosser Industrieareale ein Thema, das neue städtebauliche Funktionalitäten und Typologien erzeugt. Mit den Bauten an der Rütihofstrasse gelang Rothen eine weitere ungewöhnliche Reihenhauszeile in Winterthur. Der kubisch gestaffelte Baukörper zeichnet sich durch eine einfache Grundform mit variablen Grundrisseinteilungen in den Schlafzimmern im ersten Geschoss aus. Clou der Häuser sind die eingezogenen Terrassen auf der Wohnebene, die jeweils verschiedene Grössen und Formen aufweisen. So konnten von den Käufern ganz unterschiedliche Wohnraumtypen gewählt werden, die letztlich durch die Terrasse und den Aussenraum definiert werden. Andererseits sind die Terrassen integrale Wohnräume, die vom Nachbarn vollständig abgeschirmt sind und damit gleichsam auf städtisches, gemeinschaftliches und individuelles Wohnen reagieren – was sich insofern auszahlte, als sämtliche Häuser bereits während der Projektierung verkauft werden konnten.

Mit den jüngeren Überbauungen des Ninck-Areals in Winterthur und der Neumühlestrasse in Töss konnte Beat Rothen seinen Ruf als Experte für Wohnbauten endgültig etablieren. Zugleich begann er sich vermehrt mit eigenständigen Wohnungs- und Siedlungstypologien sowie einfachen Industriematerialien zu beschäftigen. So reagiert das Ninck-Areal auf die heterogene Umgebung mit einer sehr klaren Formensprache der Häuser, die durch die horizontale Schichtung mit durchgehenden Simsen im Bereich der Geschossdecken und die klare Flucht an der Erschliessungsstrasse charakterisiert wird. Im Kontrast dazu stehen die Individualisierung der aufgelockerten Baukörper zur öffentlichen und halb öffentlichen Freifläche auf der Rückseite sowie die geschosshohen, schiebbaren Fassadenelemente an Fenstern und in Loggien. Sie dienen einerseits zur Lichtregulierung, bestimmen aber zugleich mit ihrem verschieden farbig eloxierten Aluminium das einprägsame Bild der Überbauung.
Einen noch stärkeren Akzent setzte Beat Rothen mit dem farbenfrohen Reihenhausblock für 14 Eigentumswohnungen im ehemaligen Industriequartier an der Neumühlestrasse. Die Betonkonstruktion der viergeschossigen, hoch aufragenden Einheiten ist mit senkrechten Fiberglas-Wellplatten (Scobalit) verkleidet, einem Material, das gewöhnlich im Industriebau verwendet wird. Die stark leuchtenden Farben – Orange an den Seiten- und Hellblau an den Hauptfassaden – reflektieren das Sonnenlicht und konterkarieren so mittels Lichtreflexen den zunächst statisch wirkenden Gesamteindruck des Gebäudes, und wecken zudem Assoziationen zum zeitgemässen Wohnungsbau.

Dieses Verschmelzen von unterschiedlichen Aspekten, das Vereinen der Mehrfachkodierung eines Gebäudes, charakterisiert die Arbeiten Beat Rothens, der nicht zuletzt durch die Auszeichnung der Siedlung Zelgli für gute Bauten des Kantons Zürich zu einem Experten für Wohnungsbau und besonders für Reihenhausbauten in der Schweiz avancierte. Mittlerweile liegt eine ganze Reihe gebauter Ergebnisse vor. Diese sind in der vorliegenden Publikation erstmals zusammengefasst und dokumentieren den substanziellen Beitrag Beat Rothens zum zeitgenössischen Wohnbau.

Hubertus Adam
Selbstverständlich und unprätentiös
In Beat Rothens Bauten findet die Winterthurer Siedlungstradition ihre Fortsetzung

Es waren vor allem die Architekten des Neuen Bauens, welche die Frage nach dem Wohnen stellten. Die Werkbundausstellung «Die Wohnung», die 1927 mit der Modellsiedlung auf dem Stuttgarter Weissenhof eröffnet wurde, hatte die führenden Köpfe der zeitgenössischen Architektur versammelt, um, wie es der für den Masterplan verantwortliche Mies van der Rohe in der Begleitpublikation formulierte, «zu dem Wohnproblem Stellung zu nehmen»[1].
Worin bestand dieses Wohnproblem? Letztlich ging es um die Anwendung von Kategorien: ob man das Bauen und Wohnen als raumkünstlerische Frage, somit architektonisch, oder als Resultat pragmatischer Zwänge verstehen wollte – und damit funktionalistisch. Mies van der Rohe neigte unverhohlen – was angesichts seines eigenen Werks kaum verwundert – zur ersteren Position, und so heisst es auch in dem schon zitierten Text: Das Problem des Wohnens ist «ein komplexives Problem und deshalb nur durch schöpferische Kräfte, nicht aber mit rechnerischen oder organisatorischen Mitteln zu lösen». Stellvertretend für die beiden Pole standen im Rahmen der Ausstellung die Gebäude von Walter Gropius und Le Corbusier. Gropius experimentierte bei seinen beiden Einfamilienhäusern mit Normierung und Vorfertigung, während Le Corbusier in ästhetischer Hinsicht äusserst avantgardistische Gebäude realisierte, die dann auch nahezu zwangsläufig zur Hauptattraktion der Schau wurden. Es ist allerdings nicht so, dass Gropius seinen Lieblingsgedanken eines präfabrizierten Baukastensystems nicht auch ästhetisch rechtfertigte; nur unterschied Gropius und Le Corbusier ein differierendes Verständnis von Individualität. Die Mehrzahl der Bürger zivilisierter Völker habe, so Gropius schon einige Jahre zuvor, gleiche Wohn- und Lebensbedürfnisse: «Es ist also nicht einzusehen, warum die Wohnhäuser, die man sich baut, nicht eine gleich einheitliche Prägung aufweisen wie etwa unsere Kleider, Schuhe, Koffer, Automobile.»[2] Und weiter: «Es ist durch nichts gerechtfertigt, dass jedes Haus einer Villenkolonie einen anderen Grundriss, eine andere Aussenform, einen anderen Baustil und andere Baumaterialien aufweist; im Gegenteil bedeutet dieser Zustand sinnlose Verschwendung und parvenühafte Kulturlosigkeit.» Die Gleichheit der Chancen fand sich hier umgedeutet in eine Freiheit der Bedürfnisse.

Wohnen zählt zu den menschlichen Grundbedürfnissen. Insofern ist die Frage nach der Architektur nicht nur eine formale oder soziale, sondern eine existenzielle Frage. Steht das feste Dach über dem Kopf ausserhalb jeglicher Diskussion, bleibt die Überlegung, wie und wo wir wohnen wollen. Entscheidungen in dieser Hinsicht sind von mancherlei Faktoren geprägt: von der kulturellen Tradition ebenso wie vom sozialen Milieu, von der ökonomischen Potenz ebenso wie vom individuellen Verständnis dessen, was Leben bedeuten mag.

Wie die progressive Verstädterung in den westlichen Industriestaaten beweist, entspricht das wenn möglich freistehende, wenn nötig aber auch in Reihen angeordnete Einfamilienhaus noch immer den Vorstellungen breiter Bevölkerungsschichten vom Wohnen. Es ist vergleichsweise leicht, Kritik an diesem Modell zu äussern: Die Ausweisung ständig neuer Baugebiete verschleisst die noch vorhandenen Landschaftsreserven und verwischt die Grenze zwischen Stadt und Land, die cityferne Lage rückt die nahe gelegene Shopping Mall am Autobahnkreuz in die Nähe der Bewohner und bedingt damit eine Verödung der Innenstädte, die geringe Verdichtung verhindert eine effiziente infrastrukturelle Erschliessung und befördert damit die Zunahme des Individualverkehrs.

Die Überlegung, wie wir morgen wohnen, müsste zunächst bei der kleinsten Einheit ansetzen: bei der Wohnung oder dem Haus selbst. Denn selbst wenn sich der Wunsch nach dem freistehenden Einfamilienhaus konventioneller Prägung in der Vergangenheit als relativ wandlungsresistent erwiesen hat, stellt sich doch aufgrund neuer Lebensformen und der Revolution in der Arbeitswelt die Frage, ob ein auf die traditionelle Zweikindfamilie ausgerichtetes Grundrissgefüge heutigen Anforderungen noch entspricht. Die Tatsache, dass in vielen Grossstädten der westlichen Welt Singlehaushalte mittlerweile die Mehrzahl darstellen, ist lediglich die deutlichste Ausprägung eines Wandels, dem die Vorstellung vom Wohnen und Zusammenleben unterliegt.

Die Auseinandersetzung mit dem Wohnen und der dafür adäquaten Baugestalt bildet den Schwerpunkt des Œuvres von Beat Rothen. Auch wenn der Architekt nach einer Hochbauzeichnerlehre und einer Ausbildung am Technikum in Winterthur zur ETH nach Zürich wechselte, kehrte er – nach einer dreijährigen Tätigkeit im Büro von Mario Campi und Franco Pessina in Lugano – in seinen Geburtsort Winterthur zurück, um dort 1989 ein eigenes Büro zu eröffnen. Seine theoretische Kompetenz konnte er während der Folgejahre als Assistent von Campi an der ETH schärfen, die Baupraxis indes erwarb er in Winterthur, auf das sich seine bisherige Arbeit konzentriert.

Die Entscheidung für diese Stadt darf dabei nicht als Regression in die Provinz verstanden werden, nicht als Rückkehr in den Schoss der Heimat. Vielmehr bot Winterthur – im Norden des Kantons Zürich und immer ein wenig im Schatten der Metropole gelegen – Rothen die Chance zu einer architektonischen Recherche, die im überhitzten und übertéuerten Wohnungsmarkt Zürichs so nicht möglich gewesen wäre: die Suche nach einer qualitätvollen, preiswerten und zugleich zeitgemässen Form für das Wohnen. Gut 15 Jahre nach der Bürogründung offenbart Rothens Werk ein diversifiziertes Spektrum an Bauten, das Einfamilienhäuser ebenso umfasst wie Reihenhäuser und Wohnsiedlungen im grösseren

Massstab. Verbindendes Element seiner Projekte ist zunächst ein eher bescheidenes Budget – zur Haltung jener Schweizer Architekten, die eine wohlhabende Bauherrschaft als *conditio sine qua* non ihrer künstlerischen Kreativität ansehen, setzt Rothen mit seiner Arbeit einen überzeugenden Kontrapunkt. Es ist nicht die schöpferische Selbstbefriedigung, die ihn treibt; es ist der Versuch, die Schere zwischen der Perfektion der helvetischen High-End-Architektur einerseits und dem in die Banalität abgleitenden Alltags-Baugeschehen andererseits zu schliessen.

Abbildung 1 Arbeiter-Modellsiedlung mit zweigeschossigen Doppel-Einfamilienhäusern für höher gestellte Facharbeiter, 1867–1875 erbaut von der Firma J.J. Rieter & Co in Töss

Ausgangspunkt für die Überlegungen und Interventionen Rothens ist die spezifische Bautradition Winterthurs[3] mit ihren niedriggeschossigen Reihenhaussiedlungen und zugeordneten Gartenparzellen. Kam es in den Metropolen und Ballungszentren Nordeuropas im ausgehenden 19. Jahrhundert zu einer bislang beispiellosen städtischen Verdichtung, die sich architektonisch im Bau von Mietskasernen manifestierte, so vermochte man im nordschweizerischen Maschinenbauzentrum den negativen Folgen der Industrialisierung vergleichsweise frühzeitig entgegenzusteuern. Einfamilienhäuser und kleine Mehrfamilienhäuser für die Industriearbeiter prägten die Stadterweiterungsgebiete fortan; so besteht die zwischen 1865 und 1876 entstandene Siedlung für höher gestellte Facharbeiter der aus einem Textilunternehmen hervorgegangenen Maschinenfirma Rieter aus zwei Reihen traufenständiger Doppelhäuser (Abb. 1).

Abbildung 2 Ernst Georg Jung: Siedlung Unterer Deutweg, 1872

Die Siedlung am Unteren Deutweg im Süden der Stadt, eine rechteckige, von Erschliessungsstrassen durchkreuzte Formation von ein- und zweigeschossigen Doppel- und Reihenhäusern, war das erste Bauprojekt der 1872 von ortsansässigen Industriebetrieben ins Leben gerufenen Gesellschaft zur Erstellung billiger Wohnhäuser (GEbW) in Winterthur – geplant wurde sie von Ernst Georg Jung, der sich als wichtigster Architekt des Historismus in der Stadt auch mit Villen für die Machtelite einen Namen machte (Abb. 2). Jung errichtete auch für die Schweizerische Lokomotiv- und Maschinenfabrik zu Zeilen zusammengebundene Kleinstwohnhäuser in der Jägerstrasse, die so genannten Liverpoolhäuser (Abb. 3), sowie 1891/92 erneut für die GEbW das – ebenfalls englisch inspirierte – Backsteinensemble an der Unteren Vogelsangstrasse (Abb. 4).

Abbildung 3 Ernst Georg Jung: Siedlung Jägerstrasse, 1872–1874

Das aus England importierte Ideal der Gartenstadt, vor Ort in den zwanziger Jahren besonders von dem Stadtplaner Albert Bodmer propagiert, blieb über Jahrzehnte ein beherrschendes Siedlungsmodell, so dass sich die Formensprache des Neuen Bauens gegenüber den modifizierten Derivaten einer Heimatschutzarchitektur kaum durchsetzen konnte. Nach dem Ersten Weltkrieg waren es die Siedlungen von Adolf Kellermüller, die Massstäbe setzten und auf den Kleinhausgedanken von Jung zurückgriffen: Basierend auf seinen Erfahrungen mit der Standardisierung des Wohnungsbaus beim Wiederauf-

Abbildung 4 Ernst Georg Jung: Wohnungszeile für Arbeiter, Untere Vogelsangstrasse, 1891/92

bau von Ostpreussen und Litauen realisierte er zusammen mit Hans Bernoulli in Winterthur unter anderem die Siedlung Unterer Deutweg (1923–1925) (Abb. 5), mit Franz Scheibler die «Selbsthilfe»-Kolonie am Oberen Deutweg (1925–1929) (Abb. 6). Mit der Siedlung Stadtrain, zwischen 1928 und 1942 gemeinsam mit Hans Hoffmann ausgeführt, wurde der Massstab städtischer: Im rechten Winkel zu den die Frauenfelderstrasse flankierenden viergeschossigen Mietwohnblöcken entstanden parallele Riegel aus kreuzförmig organisierten Einfamilien-Reihenhäusern (Abb. 7).

Es ist kein Zufall, dass sich Beat Rothen kontinuierlich mit der Siedlungsstadt Winterthur auseinander gesetzt hat. Am deutlichsten wird das bei seiner Sanierung der Siedlung Zelgli, die gegen Ende des Zweiten Weltkriegs am südlichen Stadtrand errichtet wurde. Auch wenn die parallele Anordnung der insgesamt acht Zeilen durchaus radikalen Siedlungsformen der Moderne entspricht, bleibt das behäbige Erscheinungsbild eher von konservativ-traditionalistischen Vorstellungen bestimmt. Rothens Erweiterung der Häuser um eine zusätzliche Raumschicht – neu hinzu kamen vierzig Quadratmeter je Haus – vereint die Sensibilität gegenüber dem Alten mit dem Selbstbewusstsein des Neuen. Er beliess dem Altbauteil seinen Charakter und erhielt die Originalsubstanz, wo immer dies möglich war: Die dunklen Holzbalken rhythmisieren wie ehedem die Decke des Wohnzimmers, das nun allerdings mit dem Nachbarzimmer zusammengefasst wurde und daher die gesamte Breite des Erdgeschosses einnimmt; die alten Fensterrahmen blieben erhalten, die erneuerten Fensterflügel erhielten die alten Beschläge.
Besonders reizvoll ist der Übergang zwischen alt und neu: Die frühere Aussenwand wurde zur Innnenwand, die alte Haustür blieb an ihrer angestammten Stelle und trennt nun – als Verweis auf die Geschichte des Hauses – Entree und Wohnzimmer, die Fensterlöcher im Obergeschoss fungieren als Lichtöffnungen für Bad und Korridor.

Beat Rothen hat mit seiner Erweiterung der Zelgli-Siedlung kein modernistisches Feuerwerk gezündet, keine selbstverliebten Architekturspiele inszeniert: die mit hell- und dunkelgrauen Eternitplatten verkleideten Anbauten zeigen sich als zeitgemässe Anlagerungen, nicht als Überlagerungen; sie stellen keinen Versuch dar, das Vorhandene zu übertrumpfen. Die Zurückhaltung des Architekten offenbart sich besonders im Umgang mit der ersten Zeile, die sich am Eingang zur Siedlung am Unteren Deutweg befindet. Indem Rothen auf die Anlagerung hier verzichtet, bleibt das ursprüngliche Aussehen einer der Zeilen bewahrt. Ausserdem konnten dadurch auch kleinere Wohnungen zur Verfügung gestellt werden. Dem gleichen Ziel diente die 1998/99 erfolgte Ergänzung der siebten und achten Zeile. Rothen adaptierte

Abbildung 5 Adolf Kellermüller/Hans Bernoulli: Siedlung Unterer Deutweg, 1923–1925

Abbildung 6 Adolf Kellermüller/ Franz Scheibler: Kolonie «Selbsthilfe», Oberer Deutweg, 1925–1929

Abbildung 7 Adolf Kellermüller/ Hans Hoffmann: Siedlung Stadtrain, 1928–1942

die charakteristische Abtreppung der Zelgli-Siedlung und
schloss an die bestehenden beiden Reihen zwei Doppelhäuser
mit kleinen Geschosswohnungen an. Hinsichtlich der
Struktur folgte er somit dem Gedanken der Siedlung, die Materialisierung
mit einer Aussenhaut aus Eternitplatten und
einem Flachdach bezieht sich indes auf die Anbauten, die Rothen
zuvor fertig gestellt hatte.

Dem Problem der Reihung von Einzelhäusern widmete sich
Rothen auch bei einem Komplex von fünf Häusern an der Rütihofstrasse.
In der Tradition des Winterthurer Siedlungsbaus
stehen die Häuser nicht einzeln, sondern sind zu einem Ensemble
verbunden. Die Abtreppung in der Erdgeschosszone
artikuliert die einzelnen Häuser, während die Dachkante auf
der Strassenseite die fünf Bauten zu einem kompakten
und einheitlichen Volumen zusammenbindet. Unterschiedlich
proportionierte Dachterrassen auf der Gartenseite dienen
wiederum der Individualisierung. Gewisse Korrespondenzen
bestehen zu einem Baukomplex, der als bedeutendstes
Beispiel des Neuen Bauens in Winterthur gelten kann: zu der
Siedlung Leimenegg, die der Architekt Hermann Siegrist
von 1930 bis 1932 am Bahneinschnitt der Trasse Richtung
St. Gallen realisierte (Abb. 8 & 9). Der grössere der beiden
Blocks besteht aus fünf dreigeschossigen Bauten, die sich zur
Strasse hin als geschlossene Front aus Sichtbeton zeigen
und durch die Dachterrassen auf der Seite zur Bahn hin differenziert
werden. Auch beim Wohnbau Neumühle Töss,
der nach dem Prinzip übereinander gestapelter Reihenhäuser
funktioniert, verwendete Rothen Dachterrassen als Aussenraum
für die oberen Wohnungen; den unteren sind Gartenparzellen
zugeordnet.

Abbildung 8 Hermann Siegrist:
Haus Leimeneggstr. 3, 1932

Abbildung 9 Hermann Siegrist:
Reihenhäuser Leimenegg, 1930 – 1932

Es sind unprätentiöse Materialien, die in den Bauten von
Rothen vorwiegend zur Anwendung kommen: Lärchenholzschalungen
an der Rütihofstrasse, Eternit bei der Siedlung
Zelgli, Scobalit-Wellelemente für die Siedlung Neumühle
Töss. Auch der Innenausbau ist zumeist von kalkulierter Einfachheit
– etwa bei dem Einfamilienhaus in Hinwil, das mit
Holzfaserplatten ausgekleidet ist. Überhaupt bestehen die Einfamilienhäuser
aus simplen, aber charakteristischen und
unverwechselbaren Materialien: Die Aussenhaut des Hauses in
Uhwiesen aus gerippten Zementsteinen, die am Hammerweg
aus Kupfer-Titan-Zinkblech, die in Hinwil aus dunkelroter
Kunststofffolie.
Vom Charme des Rohen und Unfertigen profitieren heute
viele Wohnungen, die dann unter dem Stichwort «Loftatmosphäre»
zu Höchstpreisen auf den Markt gelangen. Bei
Rothen indes geht es nicht um Bilder, sein Ziel ist nicht die
minimalistische Reduktion der Materialien. Winterthur
ist eine eher spröde Stadt, geprägt von seiner Tradition als
Industriestandort. Übertrieben repräsentative Gesten
wären hier unpassend – es ist bemerkenswert, dass auch

Siegrists weiss gestrichene Bauten an der Leimeneggstrasse eine rohe Schalungsstruktur aufweisen, welche die Moderne nahezu archaisch wirken lässt.

Rothens Bauten stehen in heterogenen Umfeldern, und so finden mal industriell, mal vorstädtisch geprägte Materialien Verwendung. Dabei gelingt es dem Architekten stets aufs Neue, einfachen Materialien eine spezifische Aussagekraft abzugewinnen. Und das, ohne diese zu nobilitieren oder als etwas anderes erscheinen zu lassen als das, was sie sind. Beat Rothens Architektur ist im besten Sinne selbstverständlich und unverkrampft. Worauf es ihm ankommt, sieht man, sobald man einen seiner Räume betritt. Die Flächen sind grosszügig, die Raumeinteilung ist flexibel und determiniert keine Nutzungen. Ob es sich um die grosse Halle des Einfamilienhauses in Uhwiesen handelt, ob um die grosszügigen Grundrisse im Ninck-Areal: Rothen schafft Raum für die Individualität der Lebensstile. Und er führt Ästhetik und Funktionalität, Pragmatismus und Raumkunst neuerlich zusammen.

[1] Werkbund-Ausstellung *Die Wohnung*. Amtlicher Katalog, Stuttgart 1927.
[2] Walter Gropius, «Wohnhaus-Industrie» (1925), in: Hartmut Probst/Christian Schädlich, *Walter Gropius, Bd. 3: Ausgewählte Schriften*, Berlin/DDR 1988, S. 97–100, hier S. 98.
[3] Vgl. Andreas Hauser (Hg.), *Winterthur. Architektur und Städtebau 1850–1920* (= Sonderpublikation aus INSA, Bd. 10), Zürich 2001; sowie *archithese*, Heft 6, 1983.

Adrian Mebold
Zwischen Pragmatismus, Innovation und Provokation
Beat Rothens Bauten im lokalen Kontext

Das Schaffen des Winterthurer Architekten Beat Rothen lässt sich – auf einen Nenner reduziert – als eine erfolgreiche Verbindung von Pragmatismus einerseits und provokativer Innovation anderseits beschreiben. Ersteres entspricht der Winterthurer Bautradition und hat das Stadtbild stark geprägt. Das Zweite scheint charakteristisch für eine (jüngere) Generation von ambitionierten Architekten, die unter anderen Bedingungen als ihre Väter und Vorväter zu reagieren genötigt sind: Die Wettbewerbssituation ist noch härter geworden, und Bauen spielt sich oftmals nur in Lücken, Zwischenräumen und an den Rändern der Stadt ab. Solche Voraussetzungen erfordern nicht nur spezifische Strategien, notwendig ist vor allem eine opportunistische Haltung jenseits der gerade aktuellen Theorien mit ihren Zwängen. Was die jüngere Avantgarde auszeichnet, sind – trotz grösstem wirtschaftlichem Druck und immer dichterem Regelwerk – ihr Optimismus und ihre Lust am innovativen Bauen. Ihre Kunst liegt in der Fähigkeit, Kontext und Vorschriften als Freiheit für eigene Interpretationen und Lösungen zu nutzen. Bevor diese Thesen am Werk Rothens erprobt werden, führt eine kurze Rückschau in die Architektur in Winterthur ein.

In den vor dem Zweiten Weltkrieg gebauten Wohnsiedlungen, zum Beispiel in jenen von Adolf Kellermüller (1895–1981) oder Franz Scheibler (1998–1960), sind leicht die Vorzüge der pragmatischen Moderne zu erkennen. Was ab den sechziger Jahren in diesem Bausegment jedoch errichtet wurde, gilt eher – mit wenigen Ausnahmen – als fantasieloses Renditebauen, das, wie andernorts, die Moderne in Verruf gebracht hat. Rothen kommt das beachtliche Verdienst zu, bereits mit seinem ersten grossen Bau, der Siedlung Weinbergstrasse, an die beeindruckende Siedlungsgeschichte aus der Pionierzeit anzuknüpfen. Zufälligerweise fügt sich diese Überbauung südlich und östlich an eine Kellermüller-Kolonie der Nachkriegsjahre an; in der Weinbergstrasse dagegen nimmt sie Vorgaben einer Rittermeyer & Furrer-Überbauung auf.
Der bemerkenswerte Einstand des damals noch nicht vierzigjährigen Architekten geht auf verschiedene Faktoren zurück. Allgemeinerer Art sind die Veränderungen in Winterthur selbst, persönlicher Natur sind indes die ausgezeichneten beruflichen Voraussetzungen Rothens. Weder in wirtschaftlicher noch in architektonischer Hinsicht befand sich Winterthur Ende der achtziger Jahre auf Erfolgskurs, ganz im Gegenteil: Zwar rühmte sich die Stadt immer wieder ihrer Gartenstadtqualitäten, es brauchte indes den Wakker-Preis, der Winterthur für die Erneuerung von Siedlungen verliehen wurde, bis die Öffentlichkeit überhaupt auf die gartenstädtischen Errungenschaften der alten Siedlungen aufmerksam wurde. Anfang der neunziger Jahre geriet ein weiteres Bauerbe Winterthurs ins Scheinwerferlicht: die Industriebauten auf dem Sulzer-Areal Stadtmitte.

Als die Pläne des Sulzer Konzerns bekannt wurden, die leerstehenden Fabrikationshallen und Bürogebäude einer Tabula-rasa-Politik zu Gunsten einer höchst unsensiblen, monofunktionalen «Bürostadt», dem «Winti Novo», zu opfern, ging eine Gruppe von Architekten auf die Barrikaden, und der SIA organisierte 1991 die legendären «Werkstatt-Gespräche» in einer ehemaligen Schreinerei. Als Resultat dieser weit herum beachteten Podiumsveranstaltungen gingen die «Werkstatt 90» und die «Testplanung Stadtmitte» (1992) hervor.
Im Nachdenken über das künftige Schicksal der Industriebrachen geriet die Bedeutung des Städtebaus als Entwurfsansatz ganz entschieden in den Fokus der öffentlichen Diskussion und der zonenplanerischen Arbeit. 1992 schrieb die Firma Sulzer einen internationalen Studienwettbewerb für die etappenweise Neugestaltung des Teilareals Zürcherstrasse aus. Grosse Euphorie löste das Siegerprojekt «Megalou» von Jean Nouvel und Emanuel Cattani aus. Selbst das durch die Rezession begünstigte Scheitern dieser Vision wurde als Chance für die Entwicklung neuer Überbauungsstrategien gedeutet.

Vor diesem Hintergrund gestaltete sich das Debüt des ambitionierten Rothen, der eine umfassende Berufsbildung erworben hatte und sich auch auf dem neusten Stand in den aktuellen Architekturdiskursen zeigte. Ganz allgemein waren die neunziger Jahre reif für den Auftritt einer jüngeren Generation auf dem hiesigen Parkett. Die ältere Garde hatte über die Jahre wichtige Marken gesetzt: Am prominentesten Peter Stutz mit dem Gewerbeschulhaus, dann dem grossen Einkaufszentrum am Rand des Altstadtkerns und seinem Erweiterungsbau für den Sulzer-Konzern an der Zürcherstrasse. Arnold und Vrendli Amsler profilierten sich mit dem Bau des Bühlrainschulhauses und jüngst mit dem Erweiterungsbau des Bezirksgebäudes, während sich Heinrich Irion und der etwas jüngere Joachim Mantel im Wohnungsbau vom sonst bescheidenen Durchschnitt abhoben. In den neunziger Jahren näherte sich die Laufbahn von Technikum-Professor Ulrich Baumgartner, bei dem Rothen studiert hatte, ihrem Ende zu. Die Zürcher Kantonalbank in der Altstadt und Villen in der Nachfolge Frank Lloyd Wrights bilden die schöne Hinterlassenschaft Baumgartners.

Obwohl aus den erwähnten Büros zweifellos interessante Bauten hervorgingen, war in diesen wenig direkt spürbar von den andernorts, zuerst im Tessin, später in Basel, ausgelösten Diskursen. Die Bühne war also parat für den Auftritt der nachfolgenden Generation, die heute im Kern gebildet wird durch Rothen, Peter Kunz sowie Marc Schneider und Daniel Gmür; neu dazu gestossen ist das junge Büro Brunschwiler/Denzler/Erb.

Nach einer Lehre als Hochbauzeichner, dem Diplom am Technikum Winterthur und dem Abschluss an der ETH Zürich (Prof. Dolf Schnebli) arbeitete Rothen im Büro von Professor Mario Campi und Franco Pessina in Lugano. Von 1989 bis 1995 gehörte er zu Campis Assistententeam an der ETH Zürich. Dieses extrem kompetitive und anregende Milieu, in dem auch Mirko Zardini – damals Redaktor der renommierten Architekturzeitschrift «Lotus International» – wirkte, war kongenial wie auch prägend für einen Nachwuchs-Architekten mit hohen Ansprüchen. Nicht unwesentlich, auch für Rothen, war der Umstand, dass sich Campis Studenten damals intensiv mit der Geschichte der Architektur Winterthurs auseinander setzten und verschiedene Reader produzierten. Dieses Engagement führte zur Beteiligung von Campis Lehrstuhl an der bereits erwähnten Testplanung für die Stadtmitte Winterthurs. Rothen konnte im Verlaufe dieses Auftrags städtebauliches Denken planerisch im Grossen erproben (1999 kam das Freiraum- und Überbauungskonzept für die Zentrumszone Oberwinterthur dazu). Im bescheideneren Rahmen des Wohnquartiers glückte schliesslich die praktische Realisierung. Rothens Vater, ebenfalls Architekt in Winterthur, erwies sich in dieser Phase als der ideale Partner bei der Lancierung der Laufbahn seines Sohnes. Der Senior brachte Erfahrung ein, der Junior das städtebaulichen Denken und die neusten Ideen im Wohnungsbau. Das Büro von Robert Rothen war 1992 von der Gesellschaft für Erstellung billiger Wohnhäuser in Winterthur (GEbW) zum Wettbewerb der Quartierüberbauung Weinbergstrasse eingeladen worden. Die städtebauliche Lösung der Rothens überzeugte die Jury und das Büro wurde gegen lokale und schweizerische Prominenz zum Sieger gekürt.

Das 31 Eigentumswohnungen umfassende Projekt wurde von 1994 bis 1996 vom damals 39-jährigen Architekten selbstständig im eigenen Büro realisiert – eine Leistung, die gerade in Winterthur, wo, wenn möglich, risikolos mit den bewährten Namen gebaut wird, nicht hoch genug einzuschätzen ist. Ein Grund für dieses erfolgreiche Debüt ist gewiss in Rothens Fähigkeit zu suchen, bei seinen Auftraggebern Vertrauen zu erwecken und mit feiner Diplomatie auch innovative Ideen gegen eine eher konservativ eingestellte Bauherrschaft durchzusetzen. Rothens Geschick, die Wünsche seiner Kunden mit eigenen Vorstellungen harmonisieren zu können, bildet einen weiteren Mosaikstein seines Erfolgs.
Aber nun zurück zu der eingangs formulierten These, wonach Rothen Pragmatismus und provokative Innovation auf spannende Weise zu vereinen weiss. Diese These wird dahin gehend erweitert, dass diese Kombination zu Bauten geführt hat, die aus dem Durchschnitt Winterthurs weit herausragen. Im Rückblick wird überdies deutlich,

dass Rothen mit sicherem Instinkt anfänglich eine pragmatische Strategie verfolgte und sich nur ganz punktuell die architektonische Provokation erlaubte. Paradigmatisch zeigt sich dies bereits bei der Überbauung Weinbergstrasse, einem «Wurf», der auf einer sorgfältigen Lektüre der bestehenden Quartierstruktur beruht. Nicht nur im Rhythmus der Volumina und in der Form der Aussenräume, auch farblich wurde die grösstmögliche Einbindung gesucht. Auffallend waren dagegen der erweiterte Massstab und die radikale geometrische Strenge des Fassadenrasters. Ungewohnt für die Bauherrschaft waren die flexiblen Wohnungsgrundrisse, welche eine in Winterthur bisher unbekannte Individualisierung der Wohnungen erlaubten. Darüber hinaus wies der Aussenraum eine für die damaligen Verhältnisse höchst auffallende gestalterische Qualität und funktionale Differenzierung auf. Kurz: Rothen stellte sich gleich bei seinem Debüt in die Reihe der Winterthurer Grössen im Siedlungsbau.

Pragmatismus und Innovation halten sich im Falle der Weinbergstrasse die Waage, und die Provokation spielte sich, eher sanft und nur leicht subversiv, im Innern ab, als die unkonventionelle farbliche Gestaltung der Tiefgarage realisiert wurde. Diesem sonst notorisch vernachlässigten Ort gewann Rothen mit minimalen gestalterischen Eingriffen – Einfärben der Stützen, grosse Zahlen für die Parkfelder, beides in Rot, sowie die verschieden farbigen Neonröhren – eine bisher unbekannte räumliche und atmosphärische Qualität ab. In der 43 Miet- sowie 23 Eigentumswohnungen umfassenden Überbauung Ninck-Areal, einem Direktauftrag, hat Rothen diesen Ansatz mit Hilfe des Künstlers Thomas Rutherfoord weiter perfektioniert: Helligkeit vermittelt ein Gefühl der Sicherheit, und farbiges Neonlicht in grossen Fenstern hilft bei der Identifikation der Aufgänge. Derart interpretiert, wandelt sich die Tiefgarage zum attraktiven Entree – für Winterthur eine höchst unkonventionelle Sicht. Im Unterschied zur Weinbergstrasse, bei der die Einordnung in den Kontext Vorrang hatte, ging Rothen beim Ninck-Areal einen neuen Weg, indem er die Fassade als «bewegliches Bild» interpretierte. Dies geschah durchaus in einem ornamentalen Sinne; doch nicht nur diesbezüglich setzte sich Rothen deutlich von der Anonymität der Moderne und ihrer Grossform ab. Der extravertierte Ausdruck, basierend auf den unterschiedlich farbigen, wiederum in Zusammenarbeit mit Rutherfoord entwickelten Schiebelementen, hilft einen «Ort» mittels gestalterischer Elemente so zu definieren, dass er für die Bewohner in einem heterogenen Umfeld nicht nur klar identifizierbar wird, sondern auch als «besonders» geschätzt wird. In diesem Sinne hat Rothen Nachahmer in der Grossüberbauung Wässerwiesen in Winterthur-Wülflingen gefunden.
Vergleicht man das 2003 vollendete Ninck-Areal mit der Sanierung und Erweiterung der Zelgli-Siedlung, welche schon

früher, zwischen 1996 und 1999, erfolgte, dann zeigt sich, wie Rothen beim Neubau trotz des heterogenen Umfelds eine gestalterische Freiheit gewann. Der Blick auf Rothens jüngere Baupraxis in Winterthur bestätigt diese Einschätzung. Das Einfamilienhaus Vogel Bichsel (2003) steht in einem typischen Quartier ohne besondere Eigenschaften, wo meist mittelmässige Wohnbauten aus verschiedenen Zeiten versammelt sind. Rothens unkonventionelles, mit einer Metallhülle überzogenes Haus distanziert sich in Gestalt und Materialität bewusst von dieser Umgebung. Sein verschlossener Ausdruck spiegelt die Irritation ob der banalen Umgebung und öffnet sich selektiv dort, wo der Blick auf die Alpen möglich ist. Bereits im Haus Leibundgut in Uhwiesen hatte sich Rothen dem Druck der konventionellen Nachbarschaft verweigert. Diese Haltung scheint das typische Merkmal einer Avantgarde zu sein, welche sich nicht resignierend dem Zwang zur Anpassung beugt, sondern aus dem Widerstand heraus eine erstaunliche Stärke in gebauten Manifesten gewinnt.

Freilich bleibt die Wirkung solch singulärer Projekte in städtebaulicher Hinsicht beschränkt, wenn nicht zumindest eine punktuelle Vernetzung gelingt. Dieser Glücksfall ist in Winterthur-Töss eingetreten, wo Rothen in der Auwiesen ein 14 Wohneinheiten umfassendes Maisonnettehaus (2004) bauen konnte. Exemplarisch wird an diesem Objekt demonstriert, dass ein gemischt genutztes Gebiet an der Peripherie ein Potential hat, sofern dieses überhaupt erkannt und die Herausforderung des Ortes angenommen wird: Idyllisch sind hier einzig die Töss und der Grünzug entlang des Flusslaufes, sonst prägen neben einer Wohnsiedlung hauptsächlich Industrie- und Gewerbebauten sowie der Verkehr dieses Gebiet.
Ebenfalls an der Töss liegt der Q-Bus, eine grossstädtische «Wohnmaschine», die dem Ort dank seinem industriellen Chic eine neue Qualität verleiht. Daran konnte Rothen mit seinem Konzept anknüpfen, das weder den engen finanziellen Rahmen noch den Ort als Entschuldigung für Mittelmässiges nutzt. Die übereinander gestapelten Maisonnettewohnungen wurden in eine zweifarbige Hülle aus orangefarbenem und hellblauem Scobalit (Entwurf: Thomas Rutherfoord) gekleidet. Darin spiegelt sich Rothens Haltung, die der blossen Konvention und der Routine einen Widerstand entgegensetzt, nicht zuletzt auch in der Besinnung auf die industrielle Vergangenheit des Ortes, die in der Wahl der Verkleidung wieder gegenwärtig wird. Wenn Weiterbauen an einer lebenswerten und zukunftsorientierten Stadt mehr als eine blosse Leerformel sein soll, dann braucht es solche Kristallisationspunkte wie das Maisonnettehaus in der Auwiesen.

Einfami

Uhwiesen
Hammerweg, Winterthur
Hinwil

lienhäuser

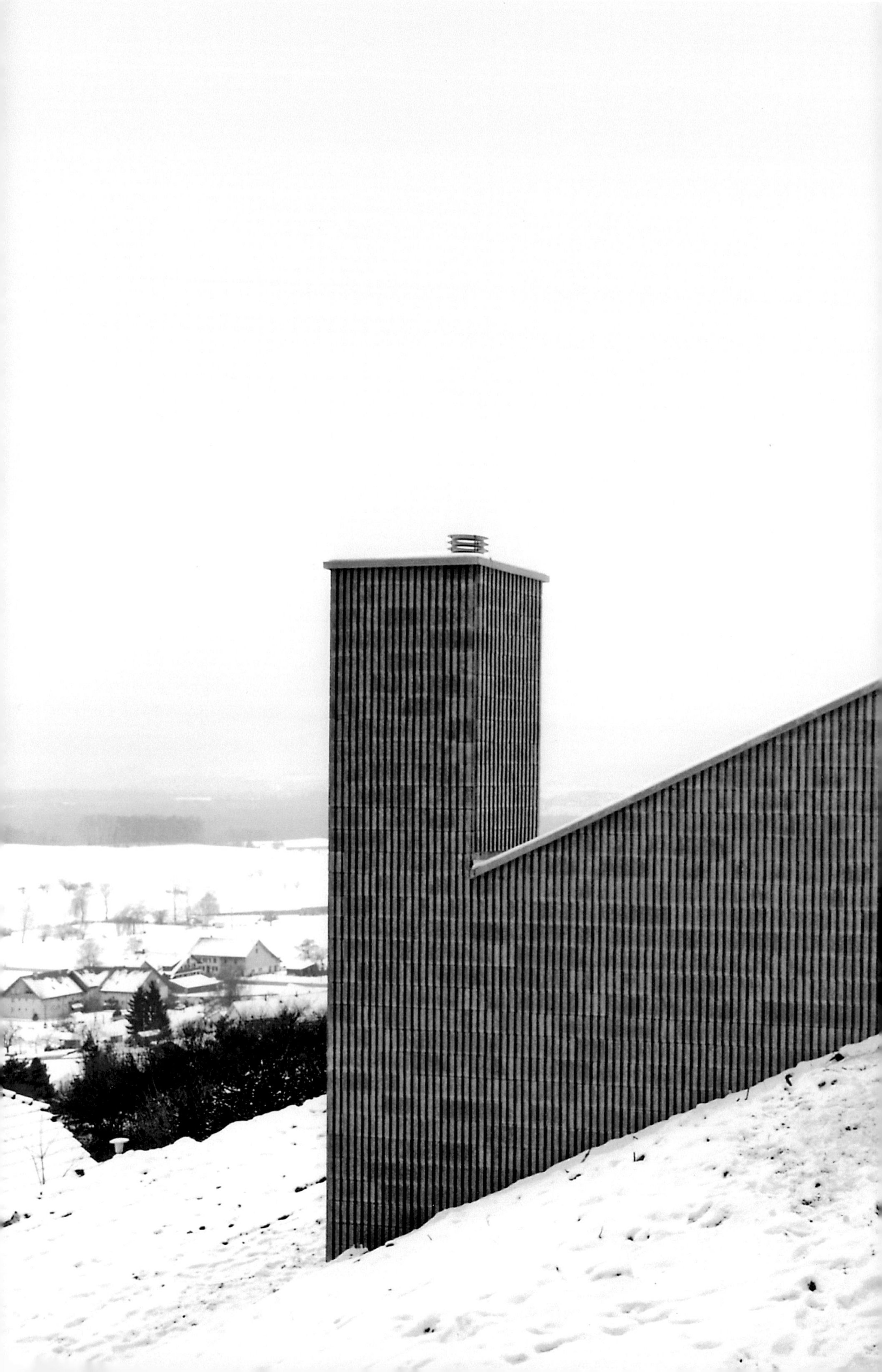

Einfamilienhaus **Uhwiesen** 26|27

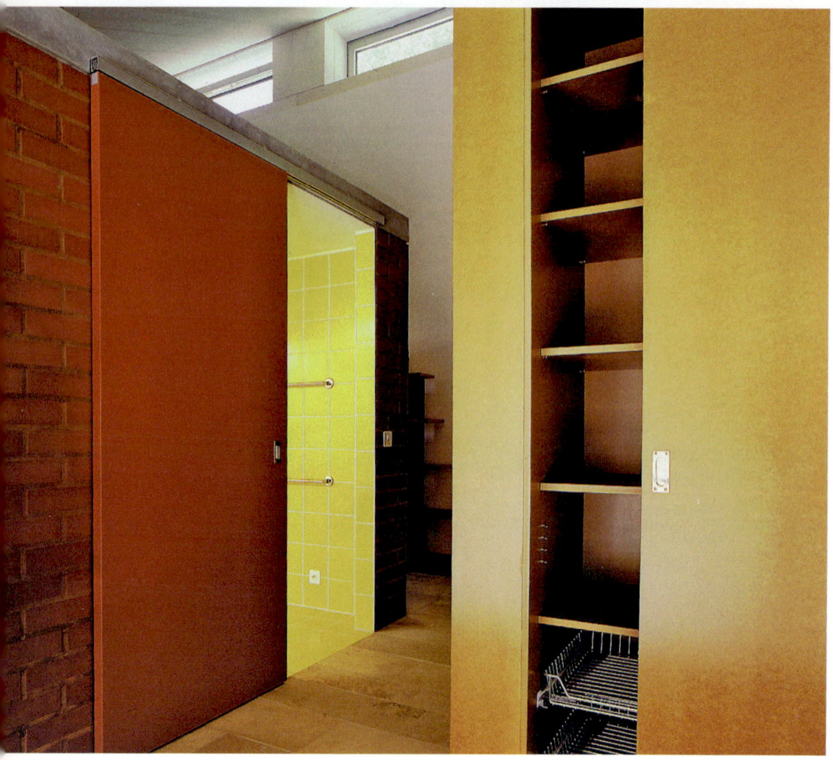

Einfamilienhaus **Uhwiesen**

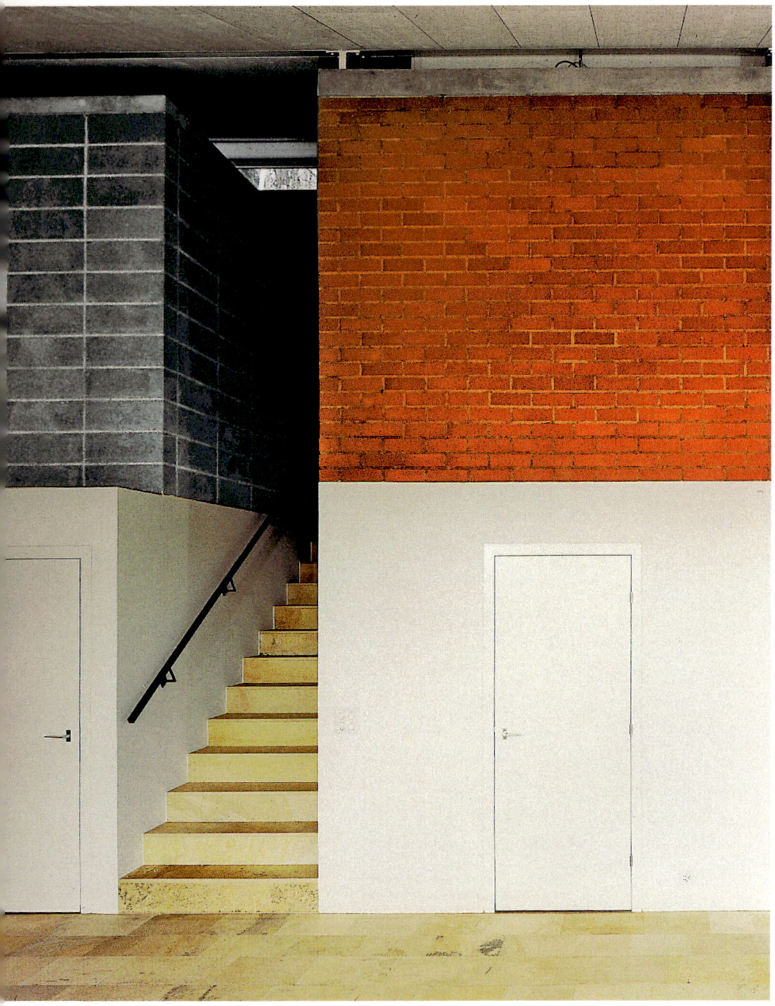

Einfamilienhaus **Uhwiesen** 30|31

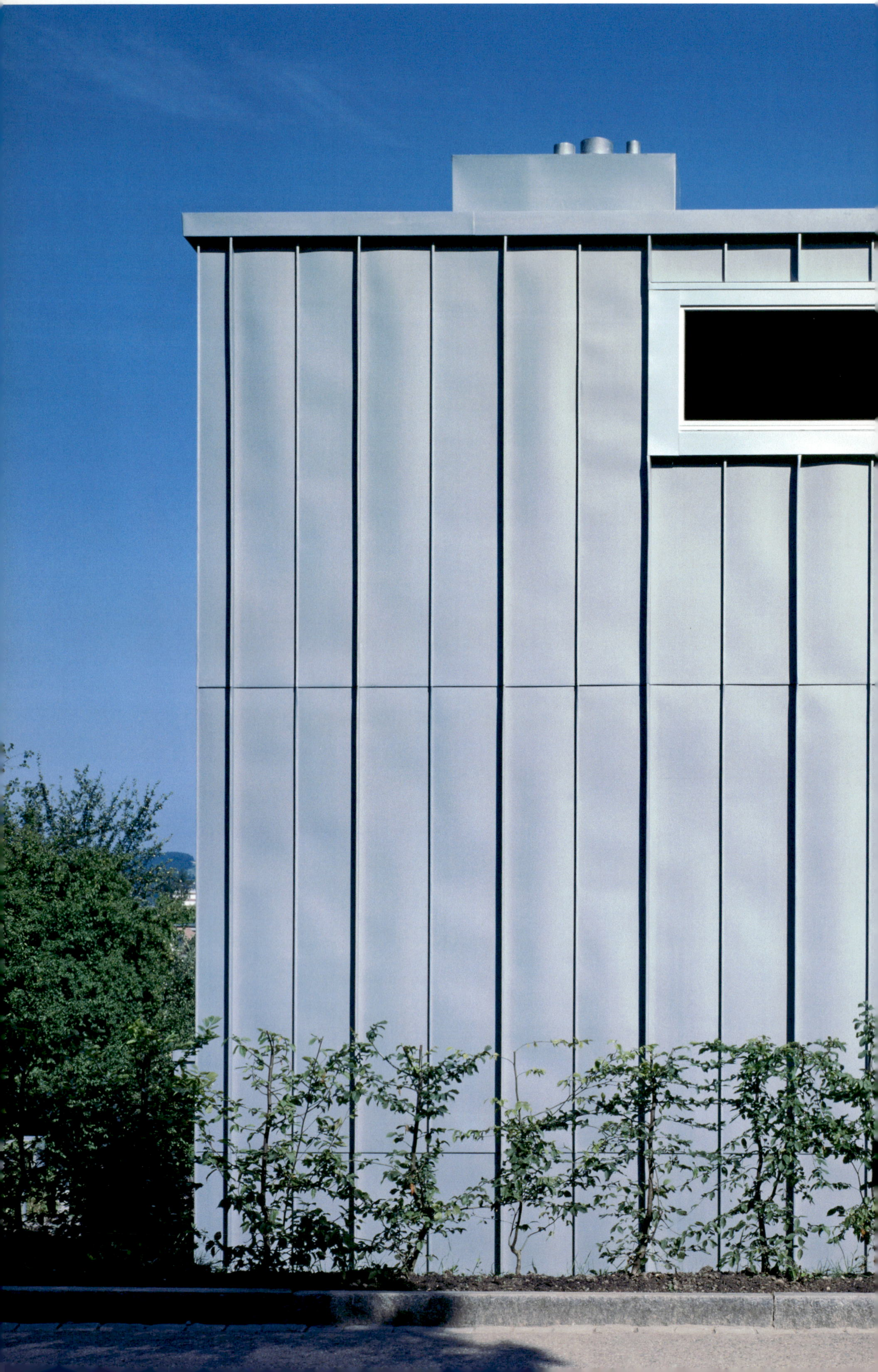

Einfamilienhaus **Hammerweg** 32|33

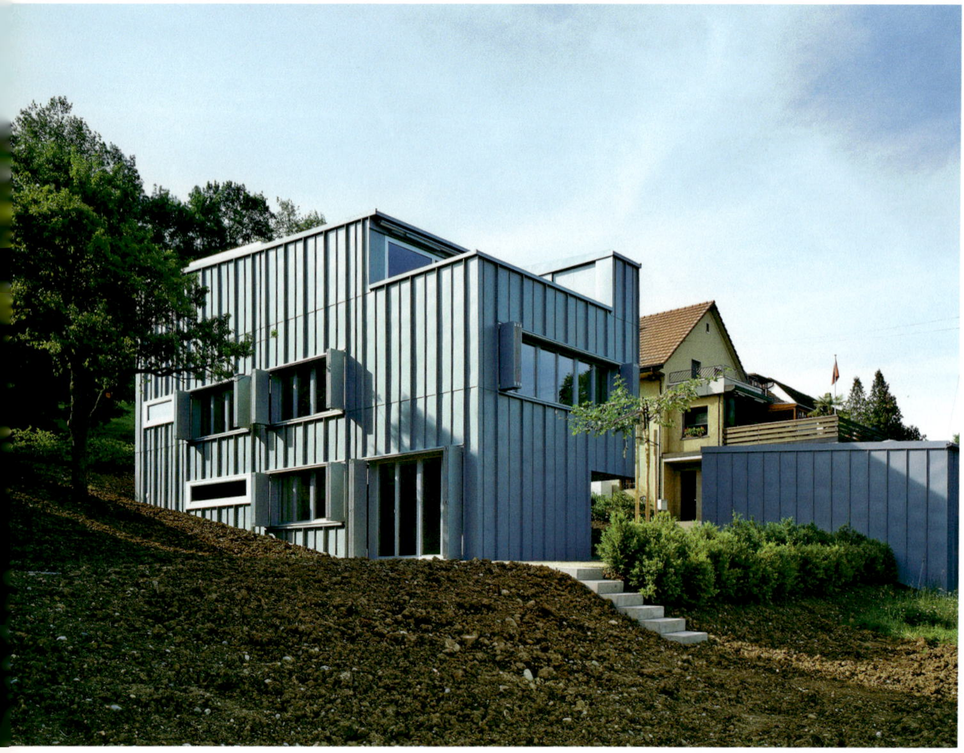

Einfamilienhaus **Hammerweg** 34 | 35

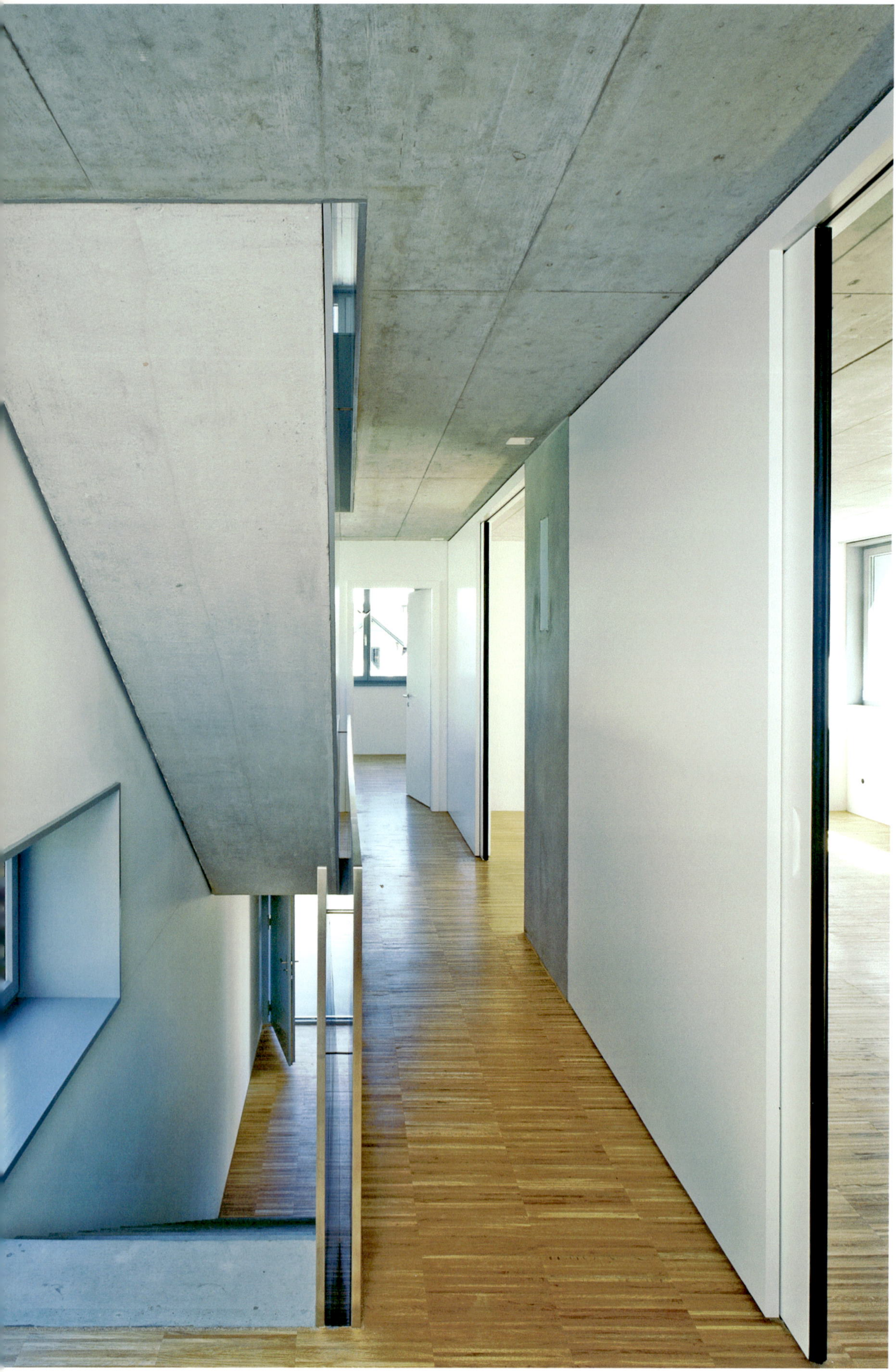

Einfamilienhaus **Hammerweg** 36 | 37

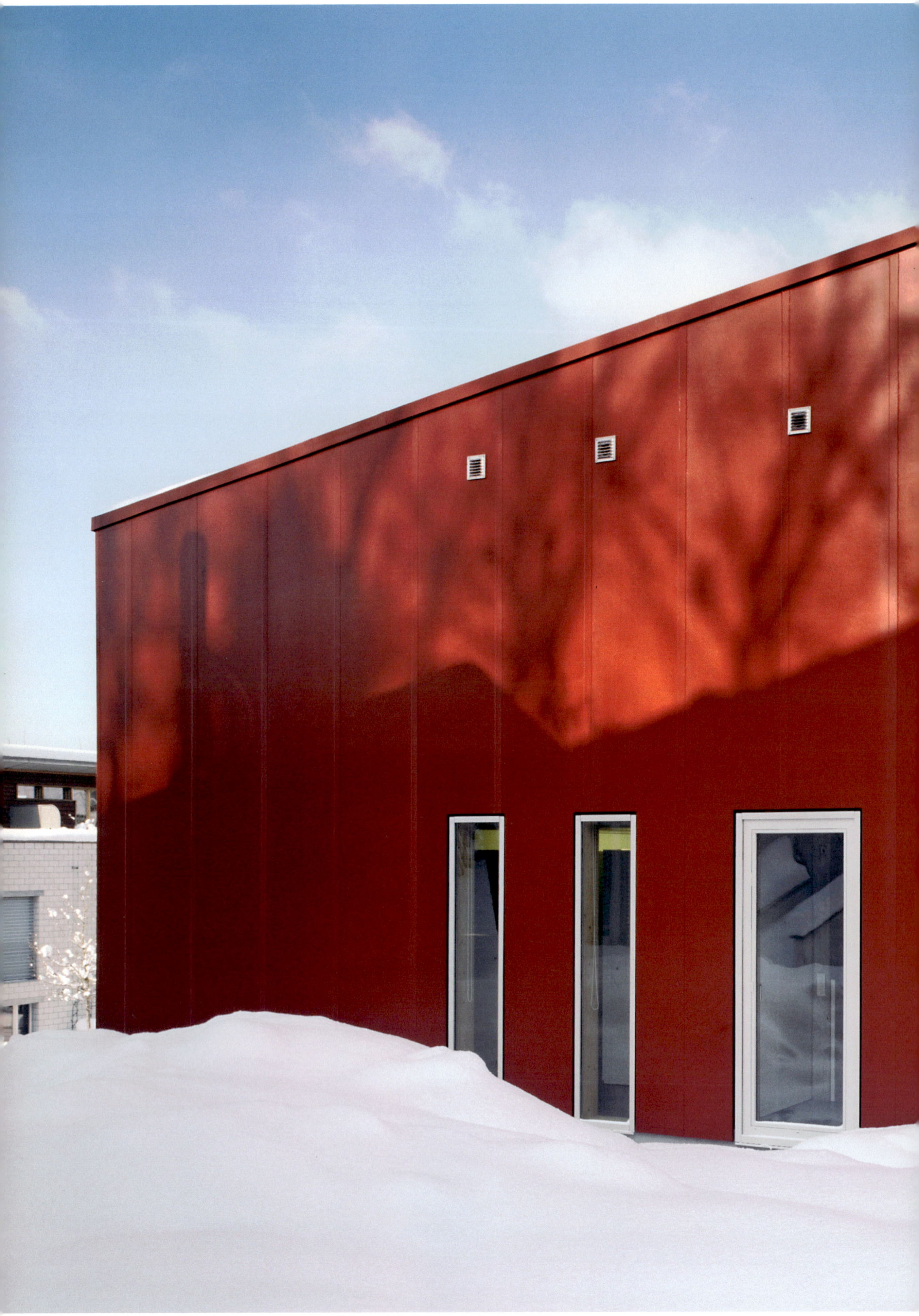

Einfamilienhaus **Hinwil**

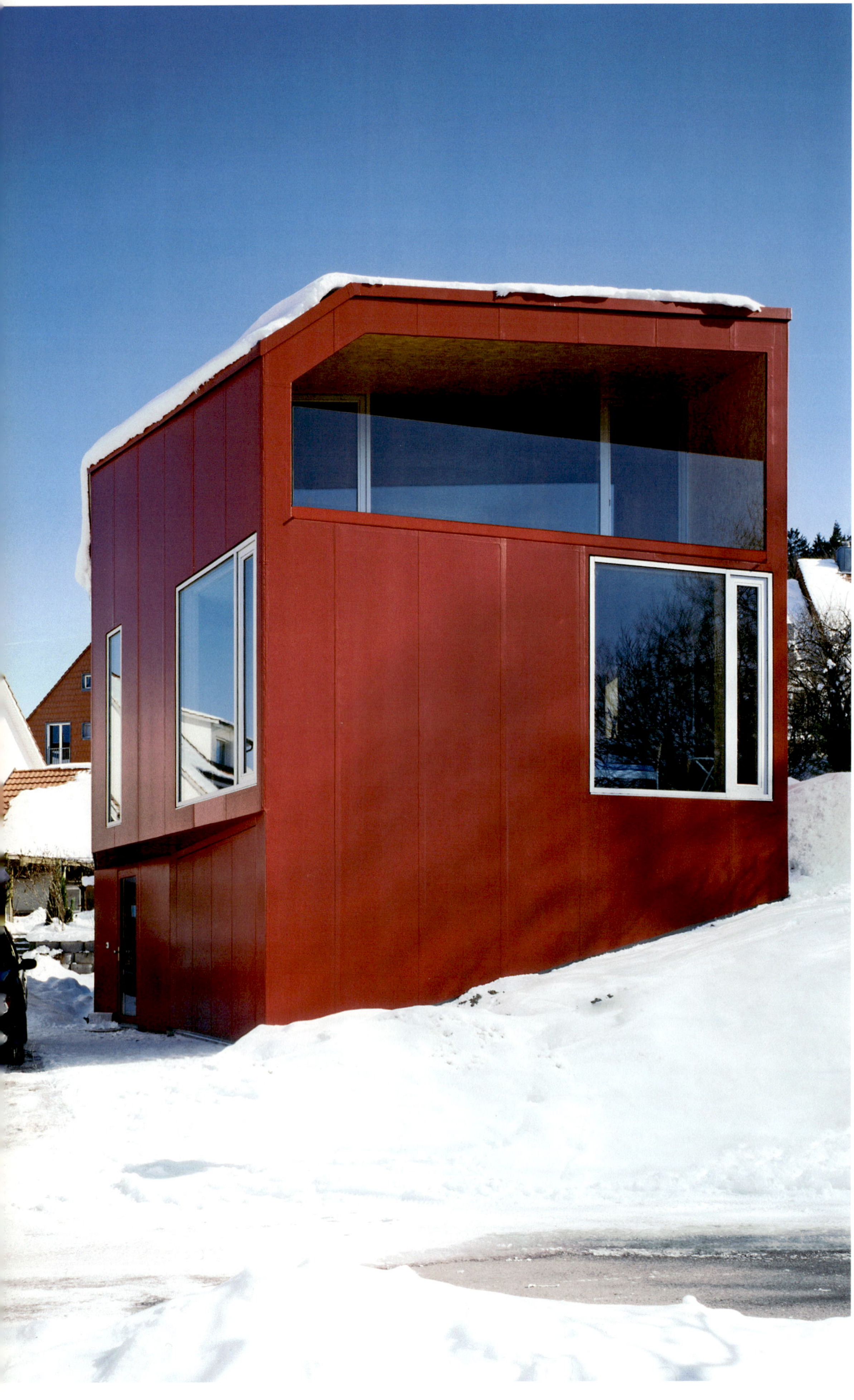

Einfamilienhaus **Hinwil**　40 | 41

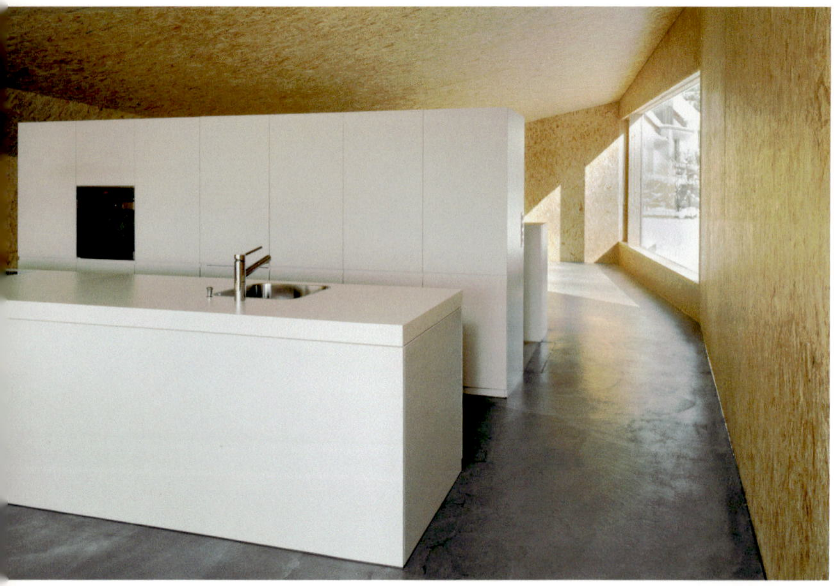

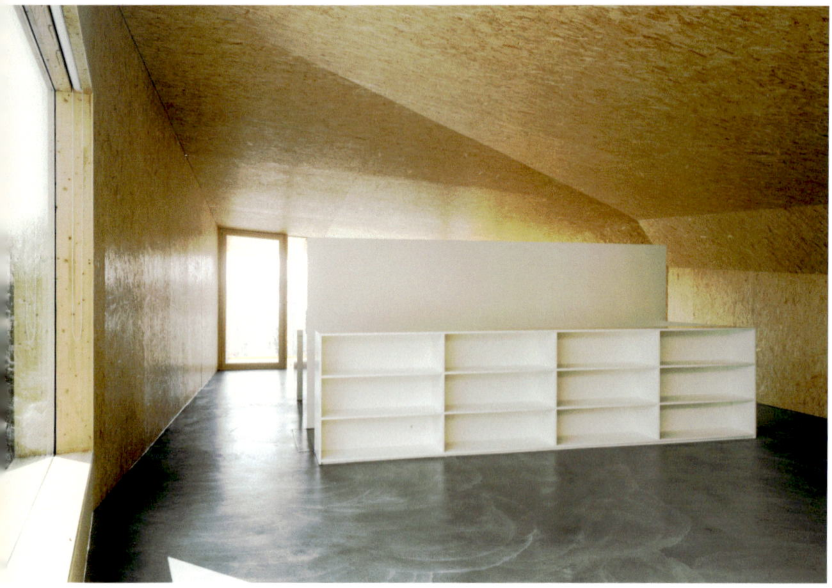

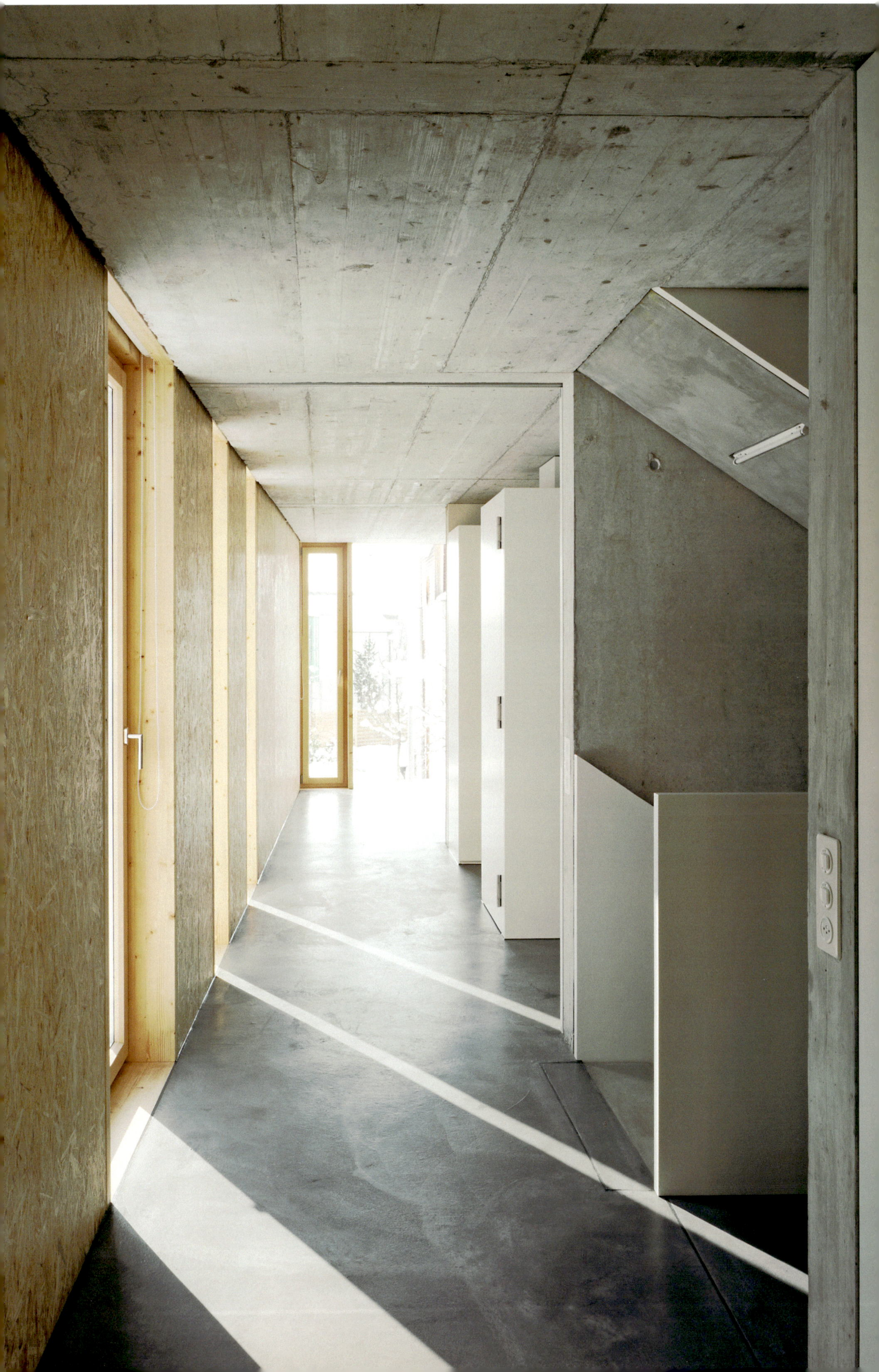

Mehrfami

Rütihofstrasse, Winterthur
Neumühle Töss, Winterthur

lienhäuser

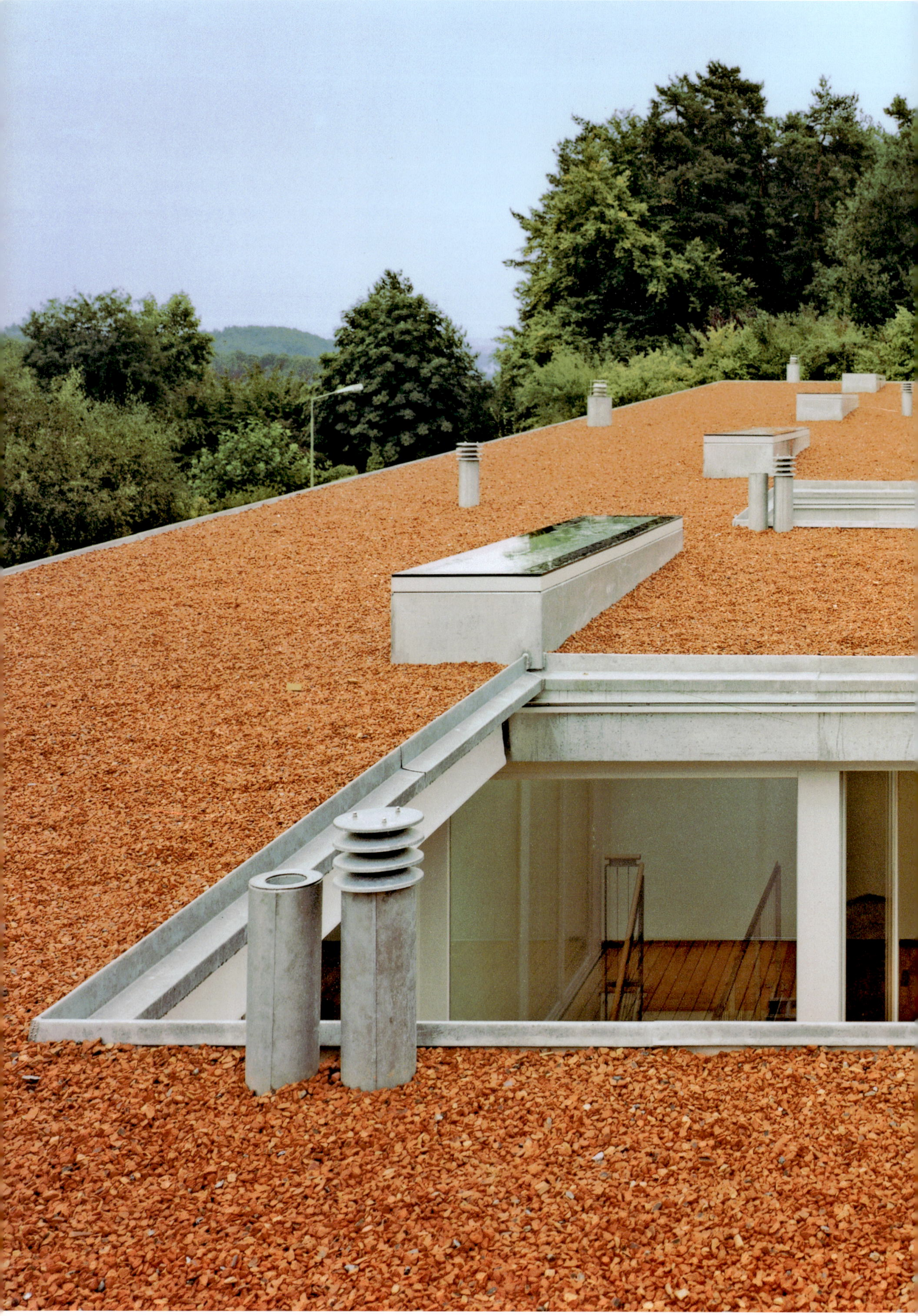

Mehrfamilienhaus **Rütihofstrasse**

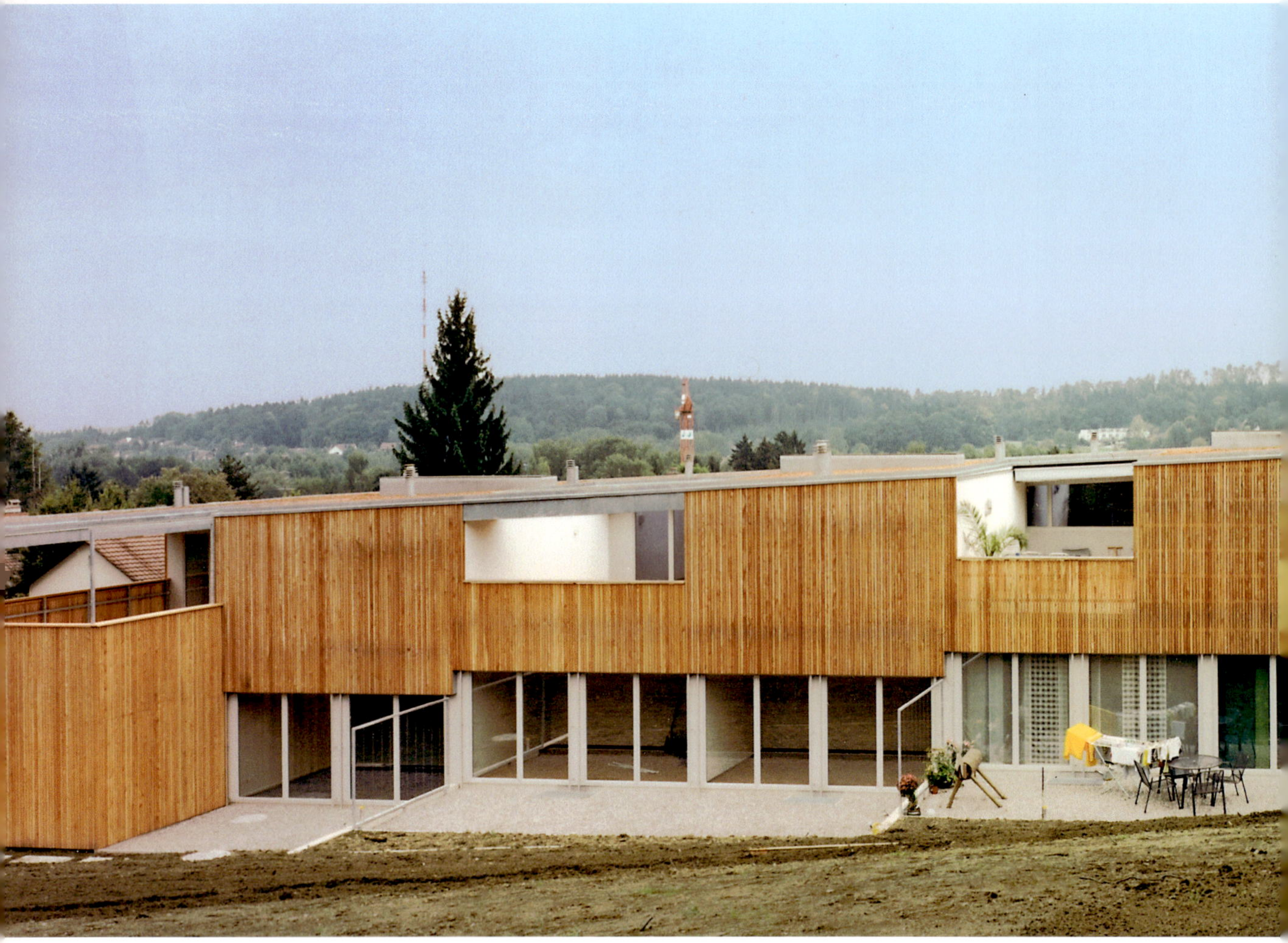

Mehrfamilienhaus **Rütihofstrasse** 48 | 49

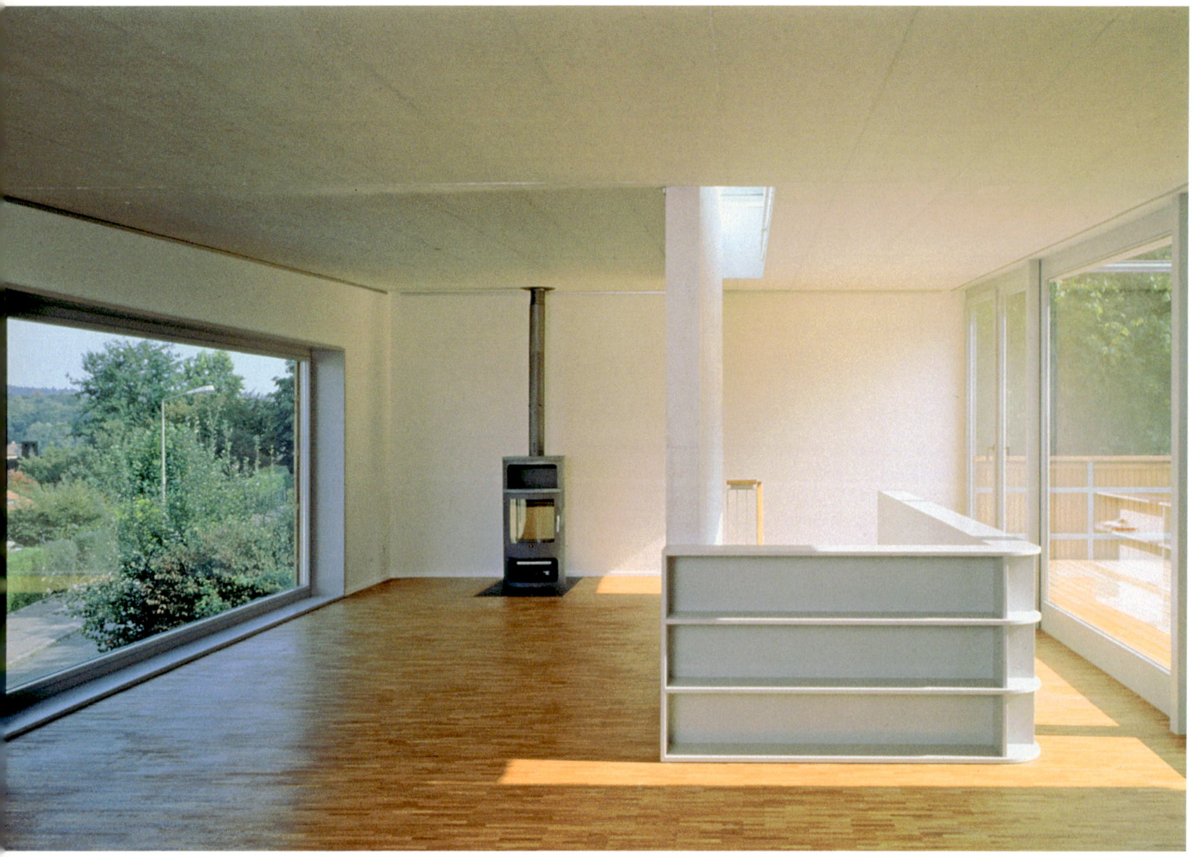

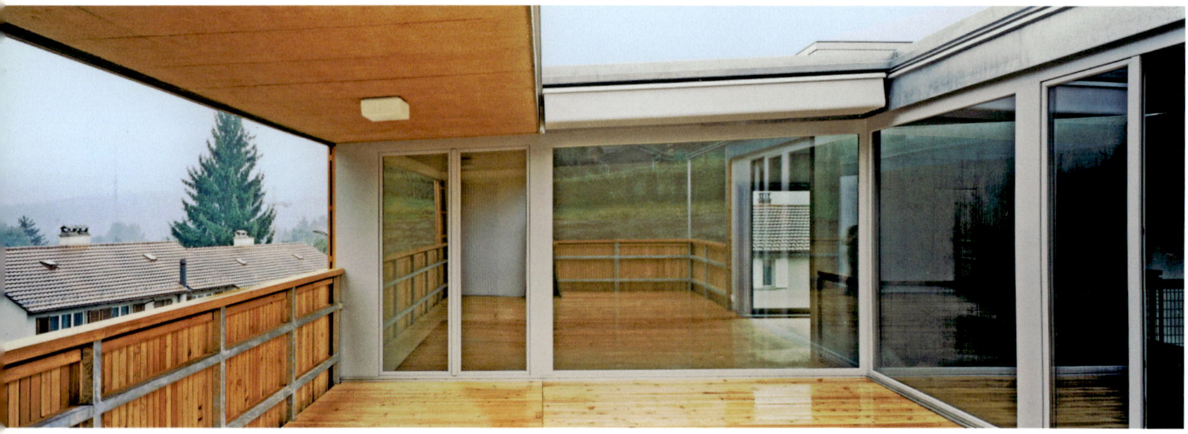

Mehrfamilienhaus **Rütihofstrasse**

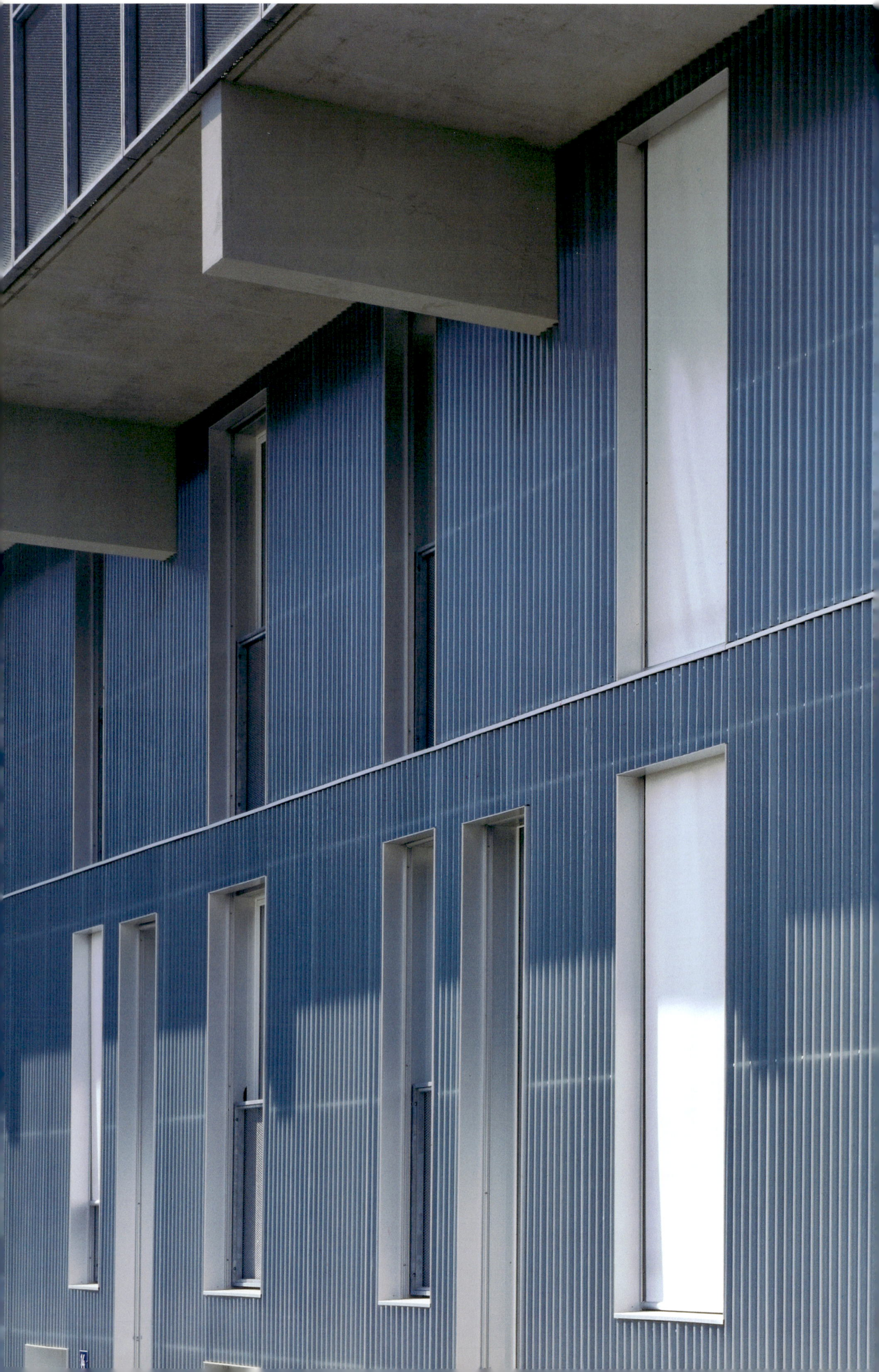

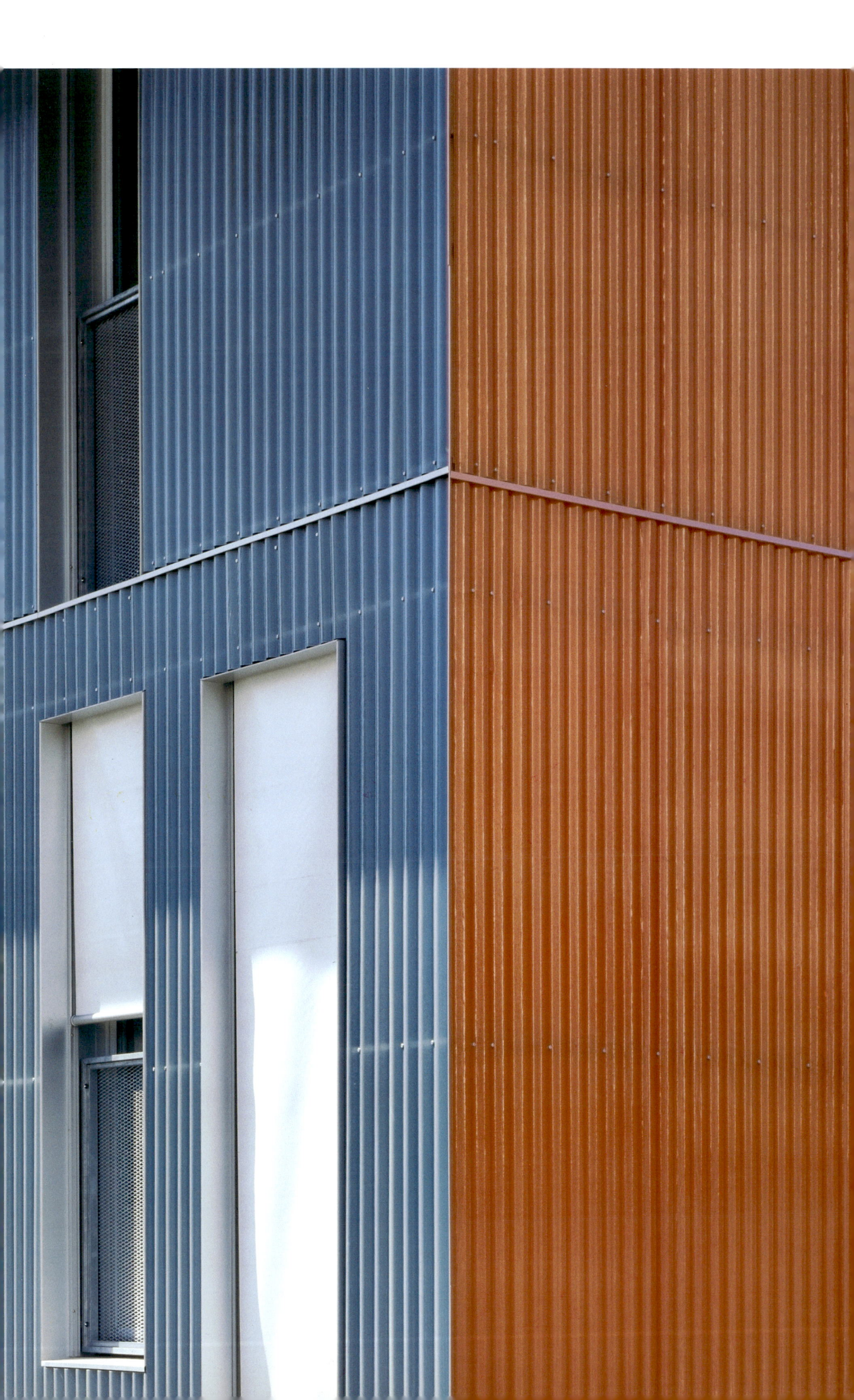

Mehrfamilienhaus **Neumühle Töss**

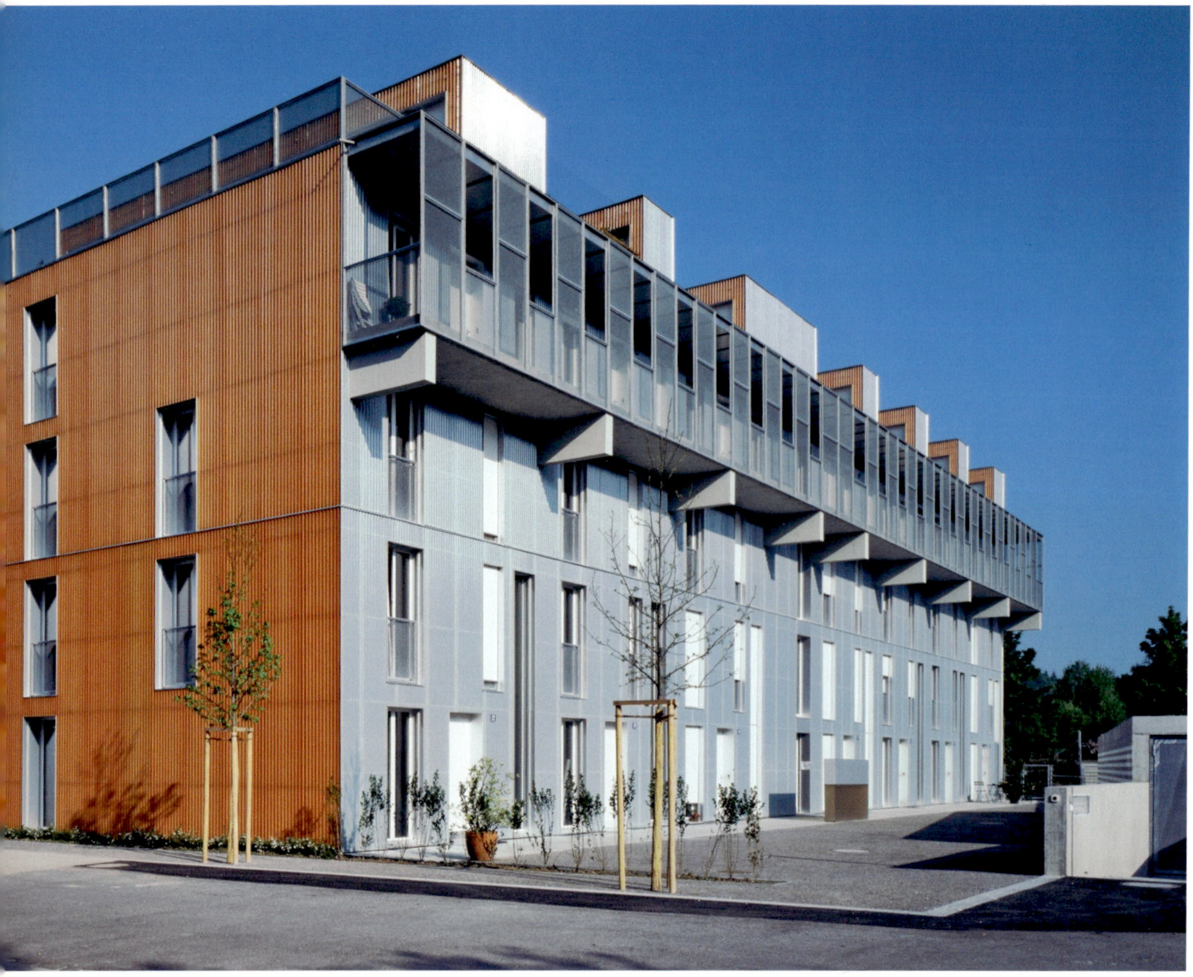

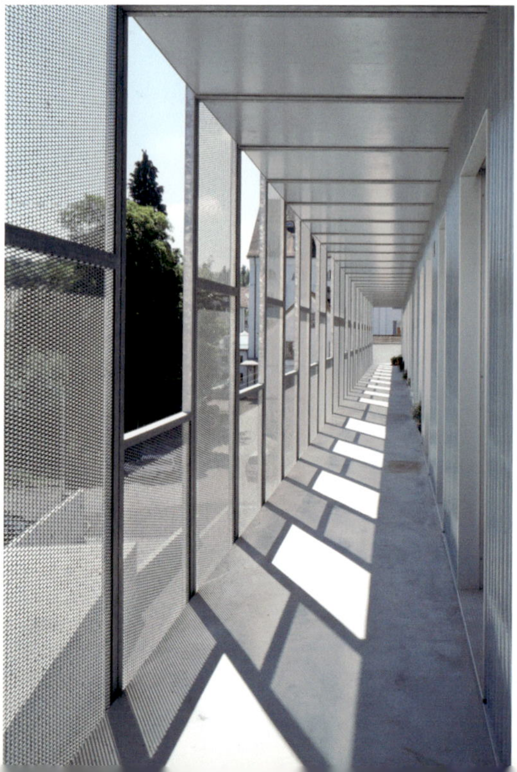

Mehrfamilienhaus **Neumühle Töss** 54 | 55

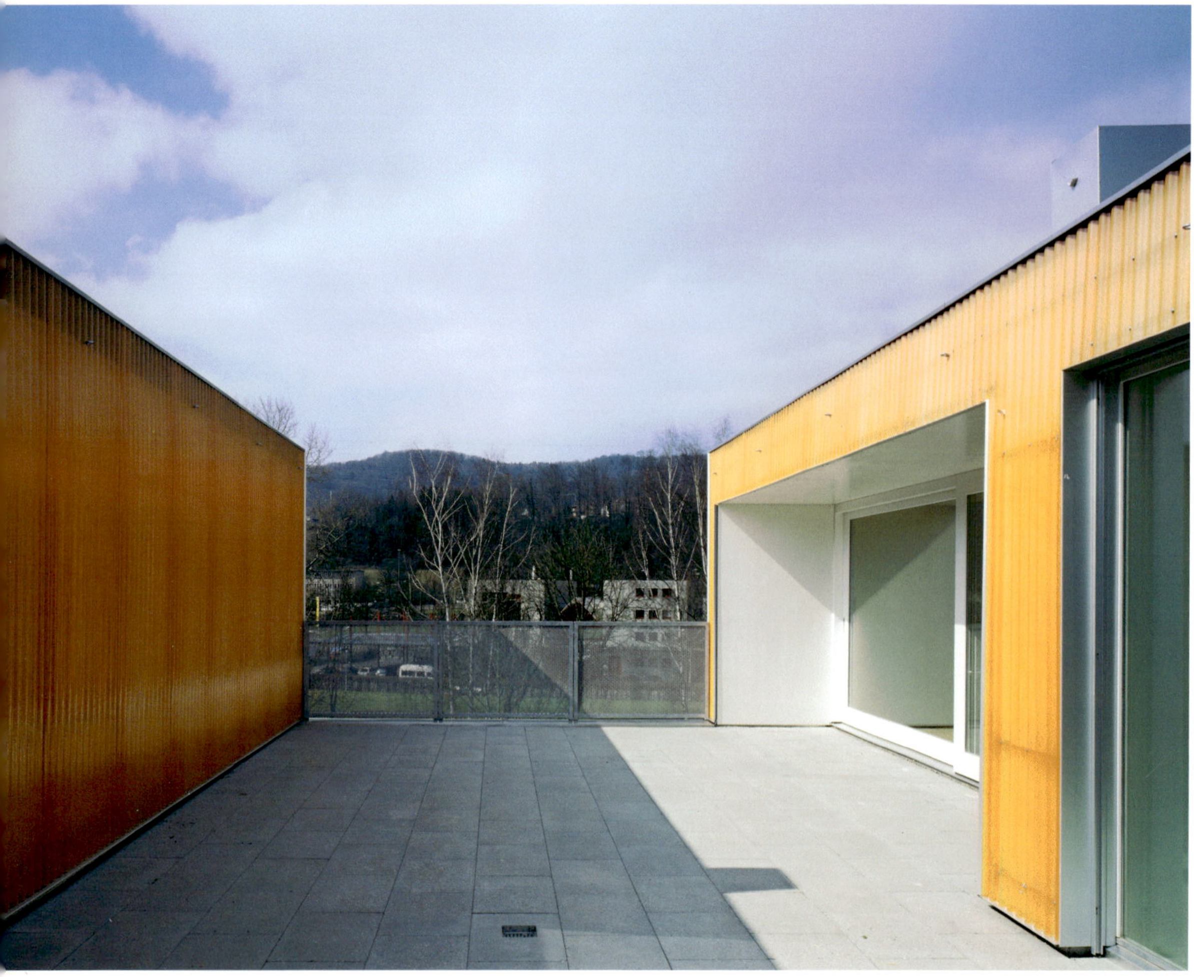

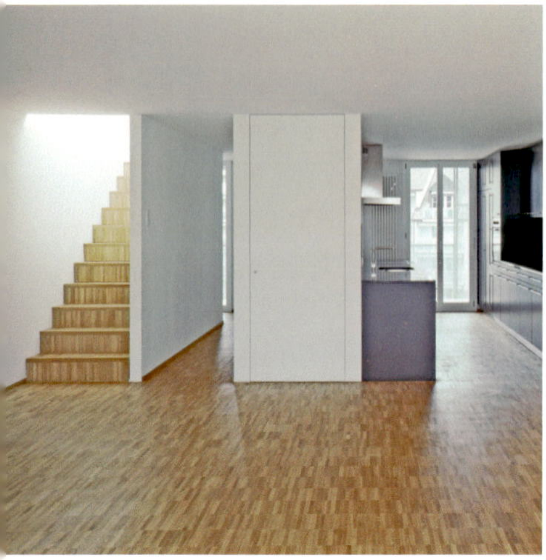

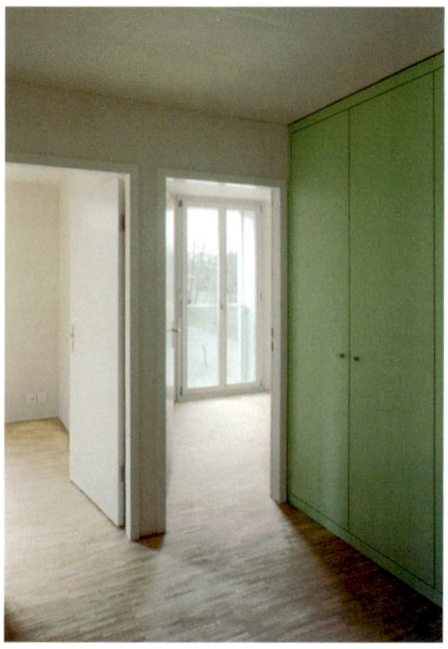

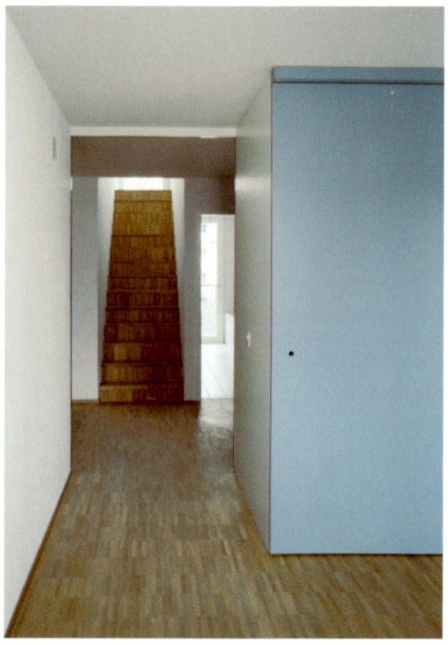

Mehrfamilienhaus **Neumühle Töss** 56|57

Wohnübe

Sanierung Siedlung Zelgli, Winterthur
Erweiterung Siedlung Zelgli, Winterthur
Weinbergstrasse, Winterthur
Ninck-Areal, Winterthur

rbauungen

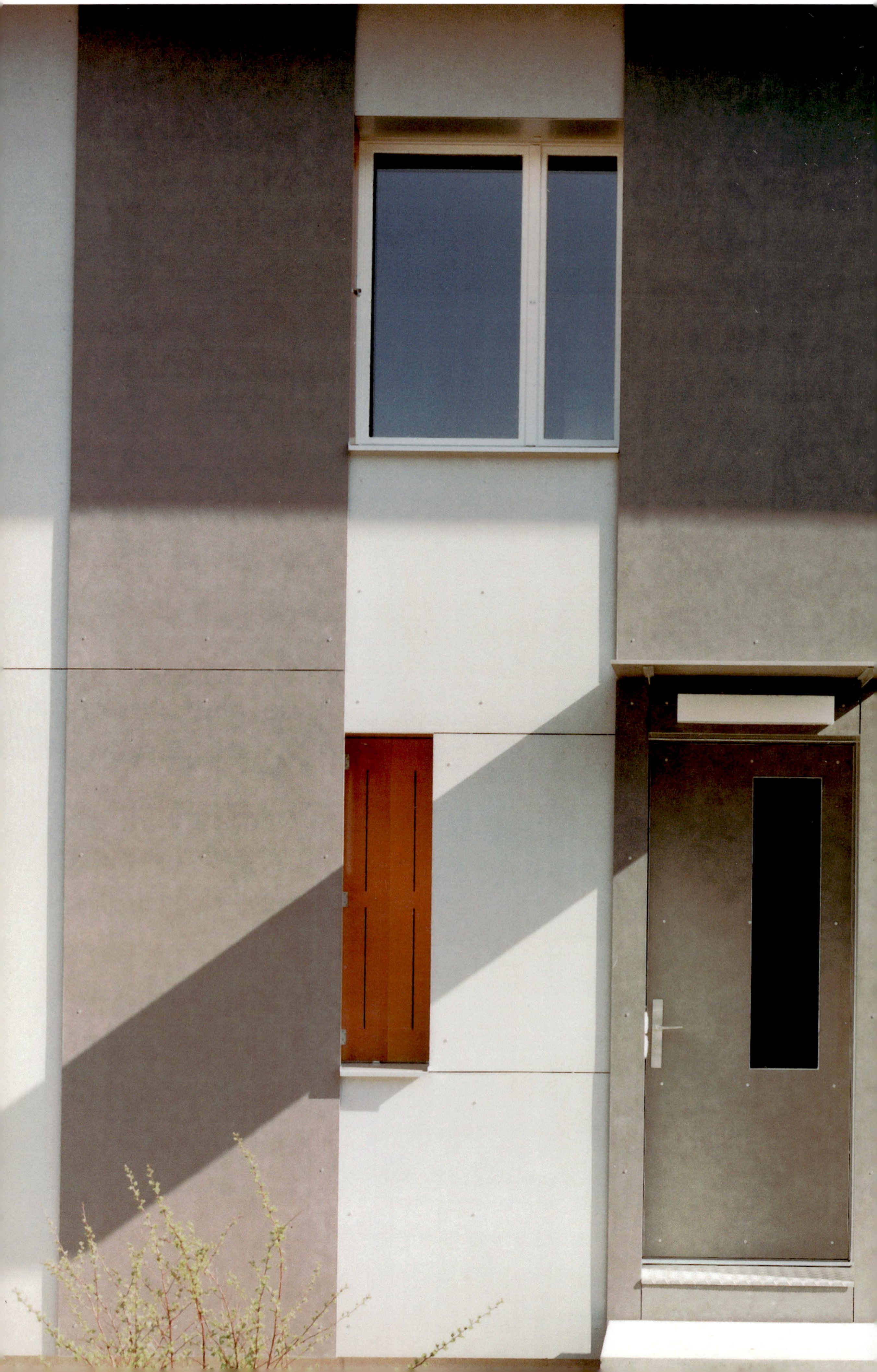

Sanierung Siedlung **Zelgli**

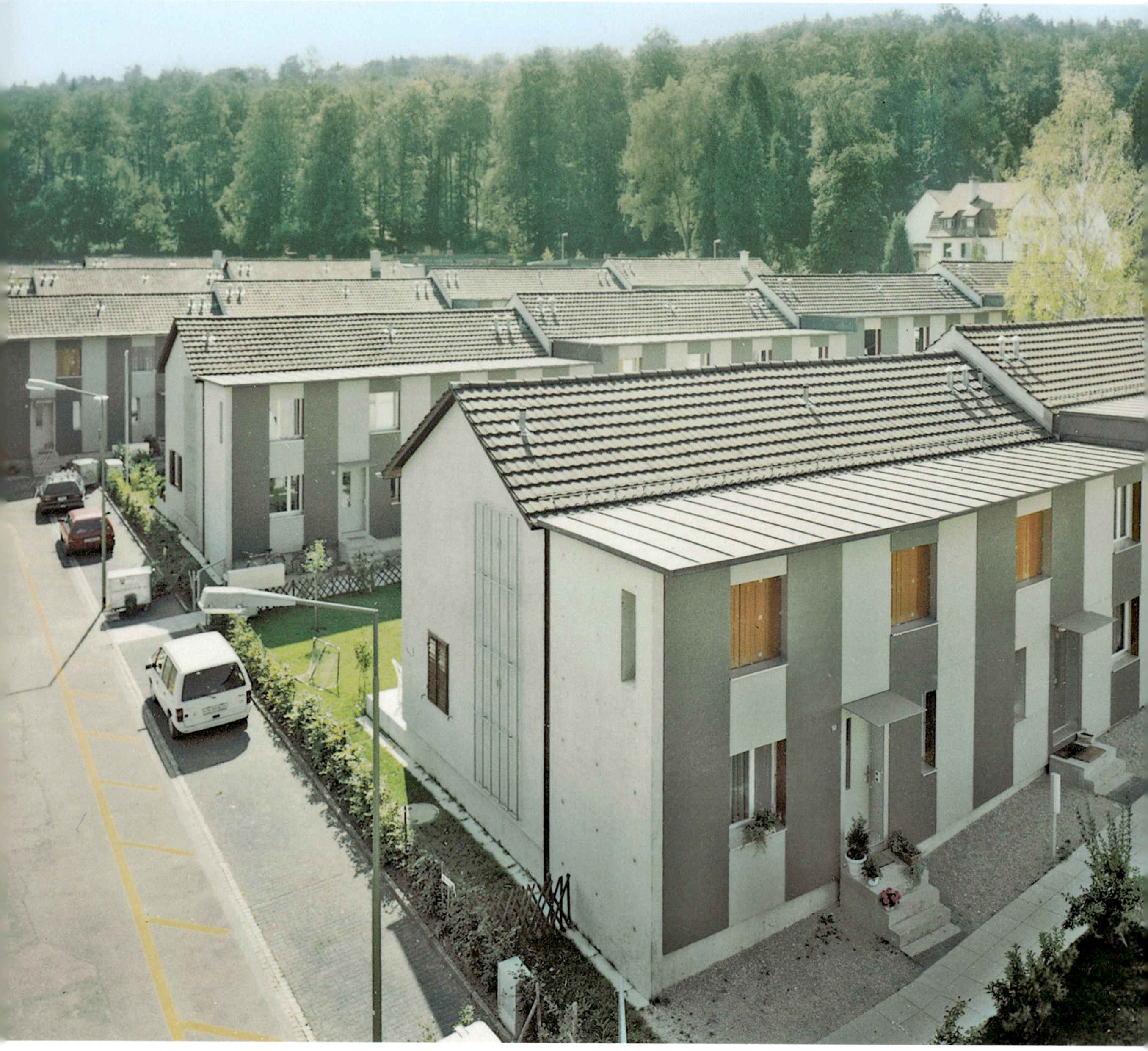

Sanierung Siedlung **Zelgli**

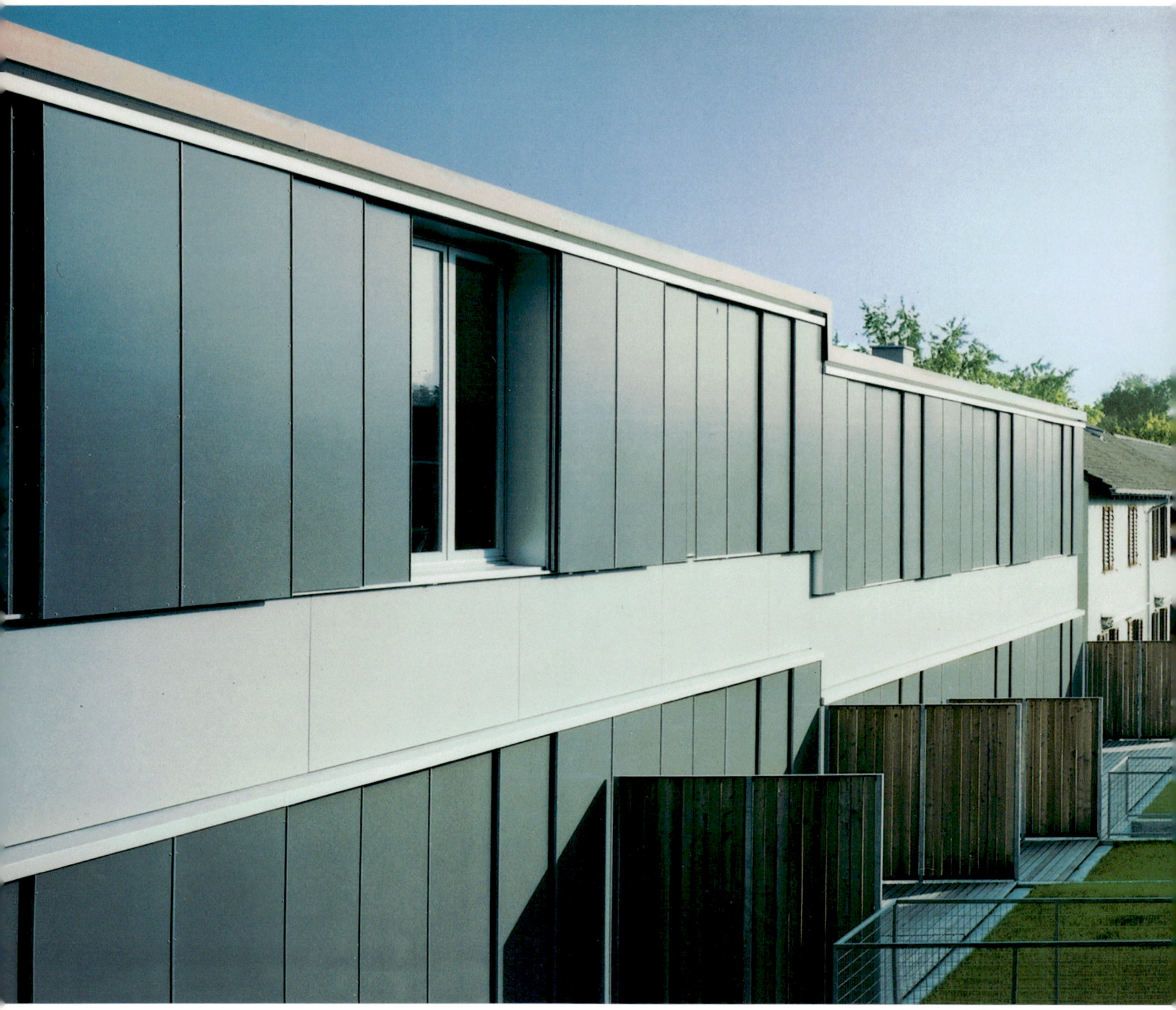

Erweiterung Siedlung **Zelgli**

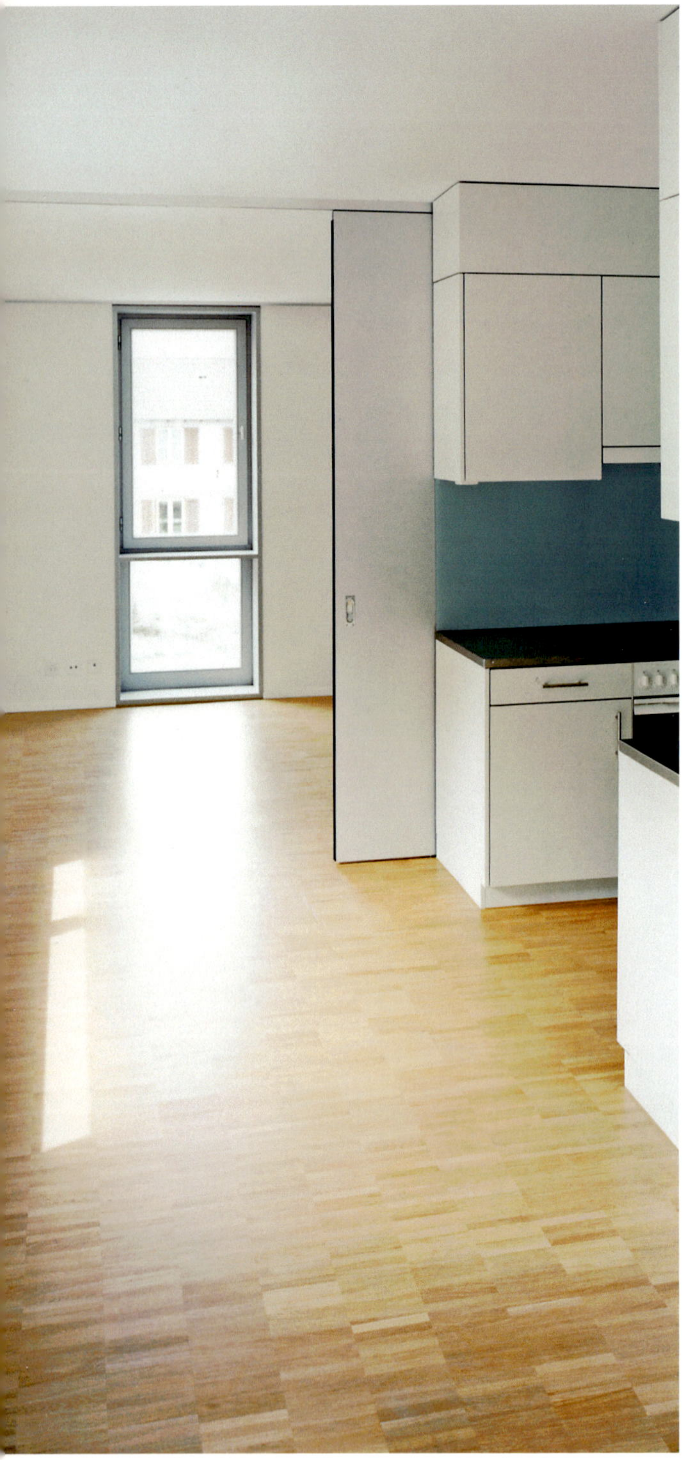

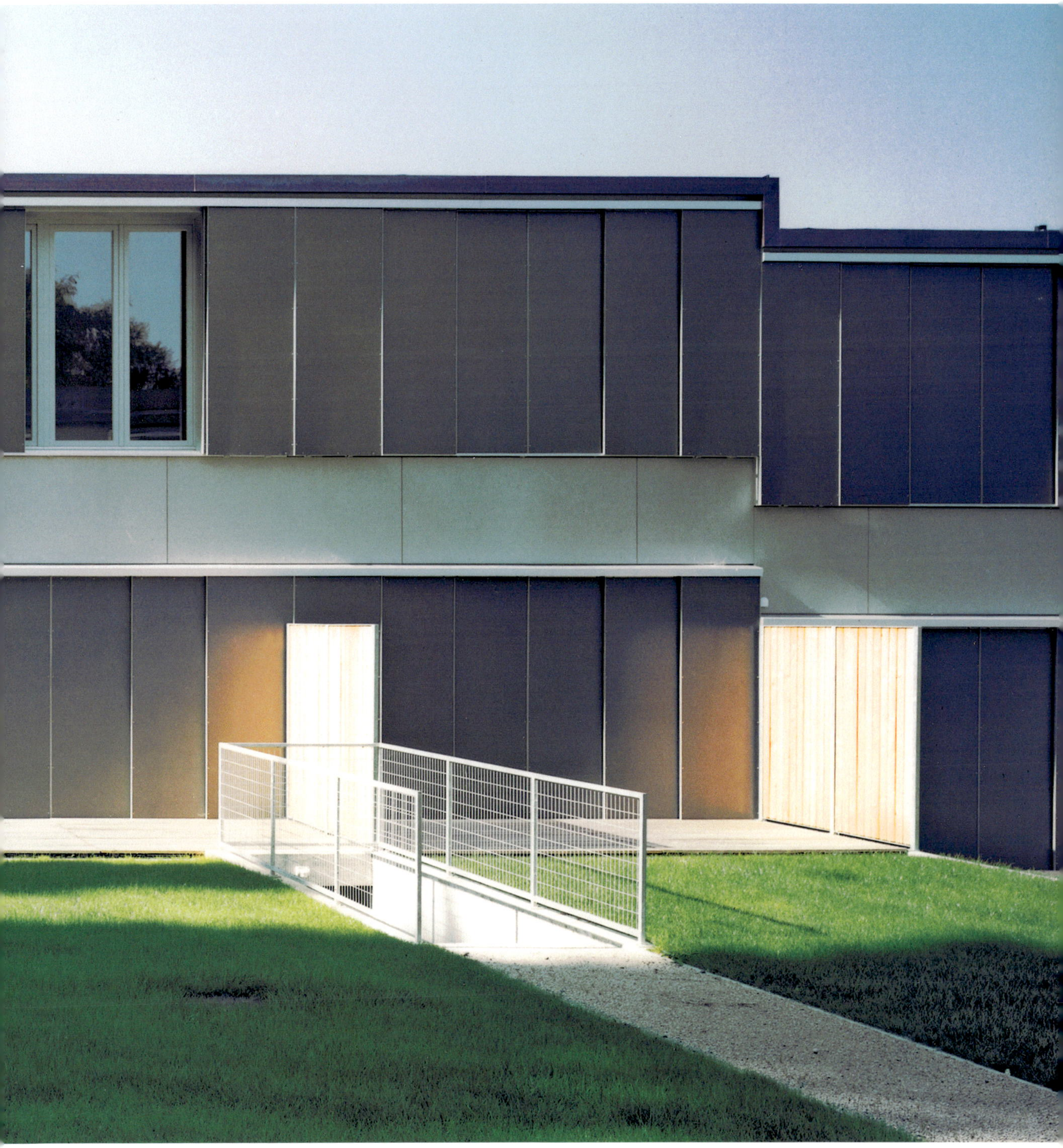

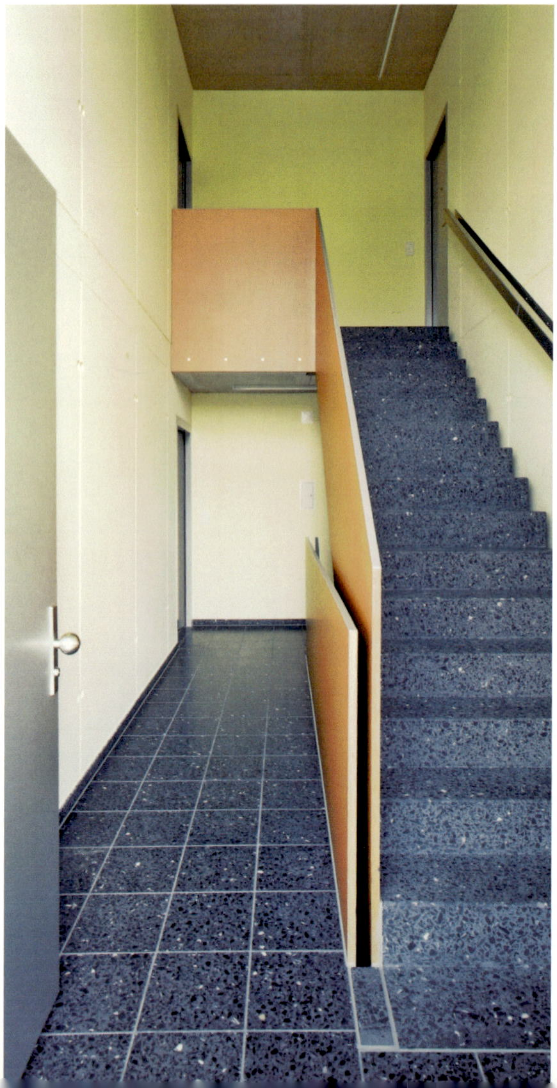

Erweiterung Siedlung **Zelgli**

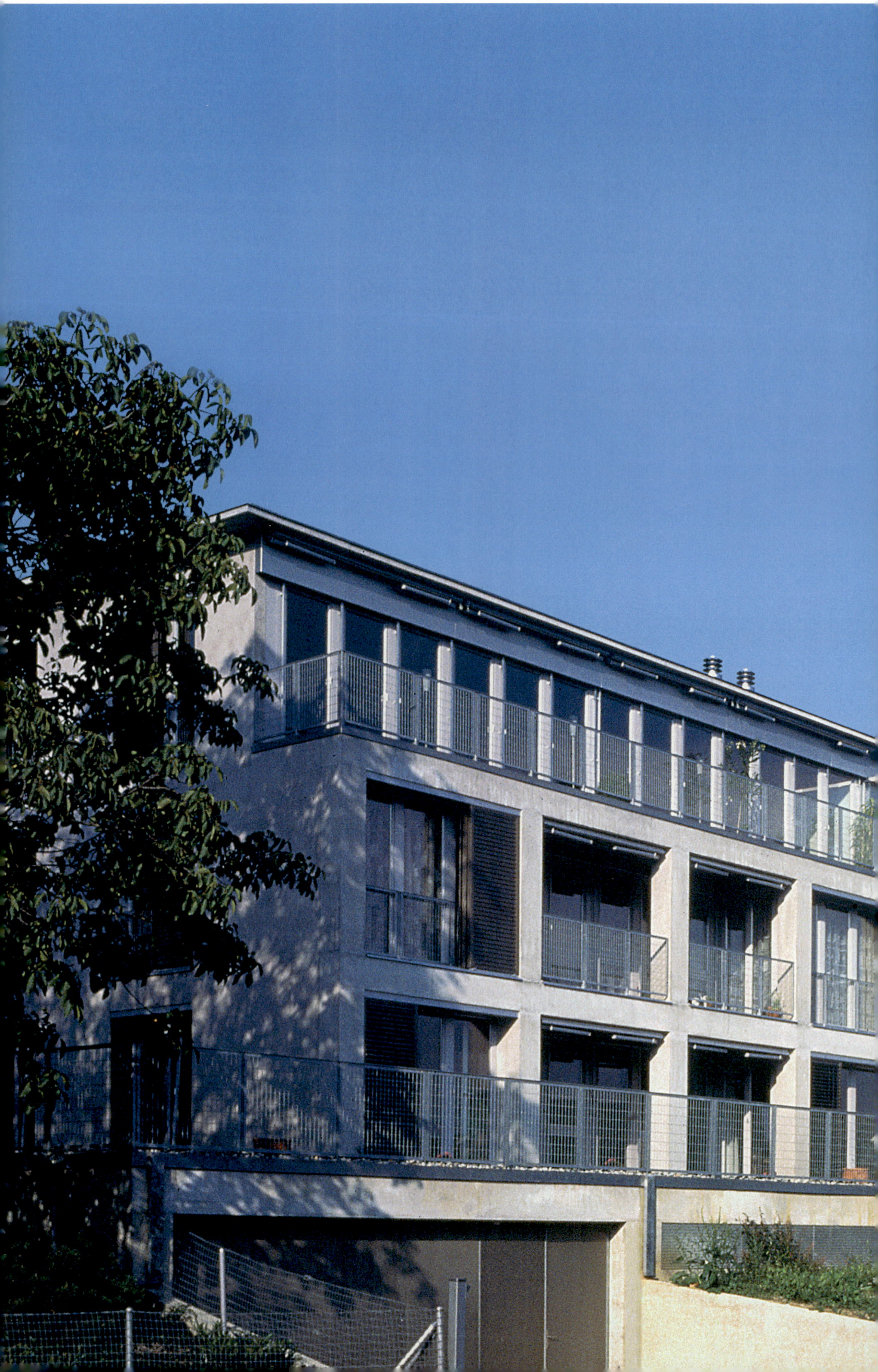

Wohnüberbauung **Weinbergstrasse**

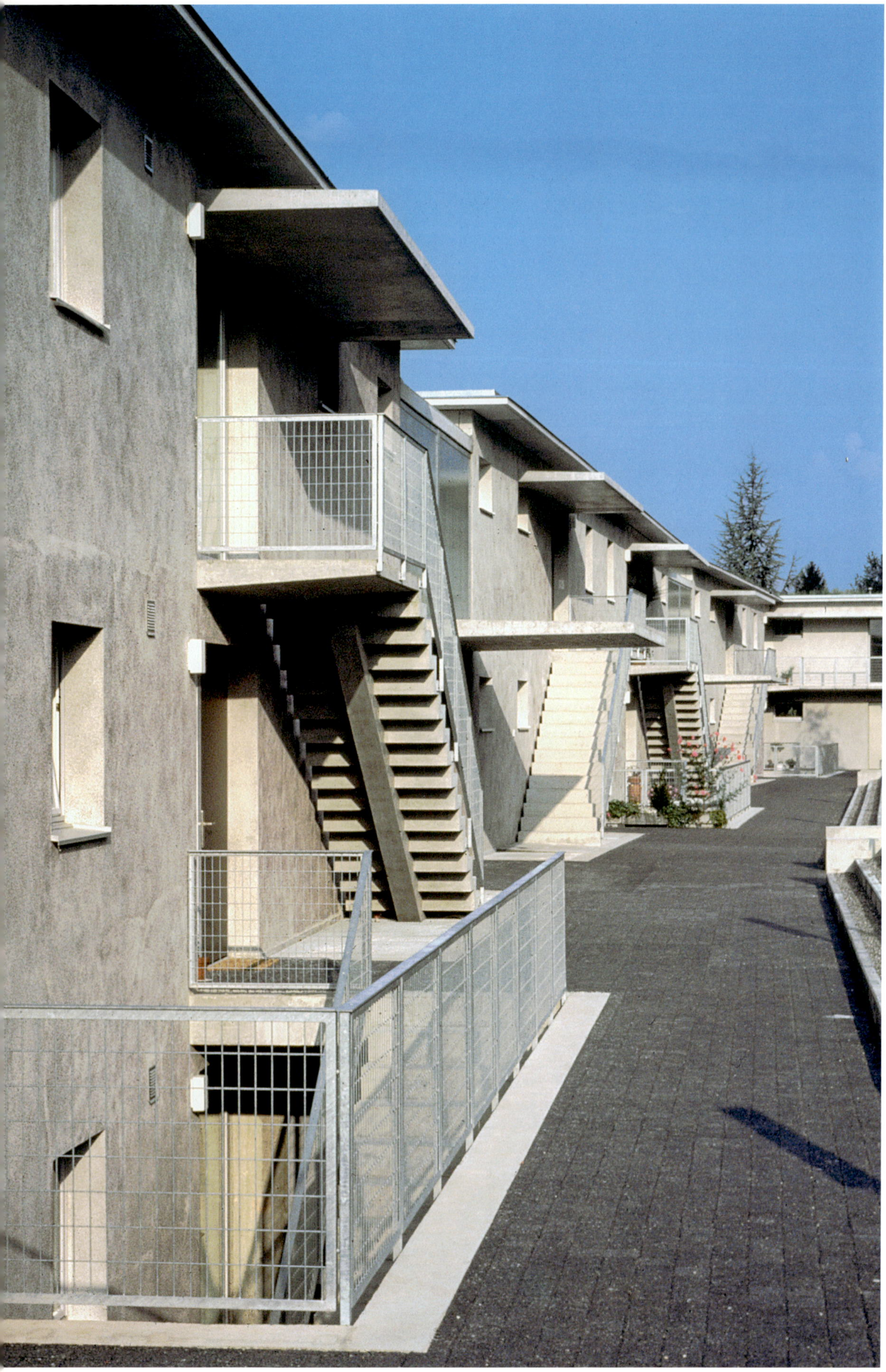

Wohnüberbauung **Weinbergstrasse** 72|73

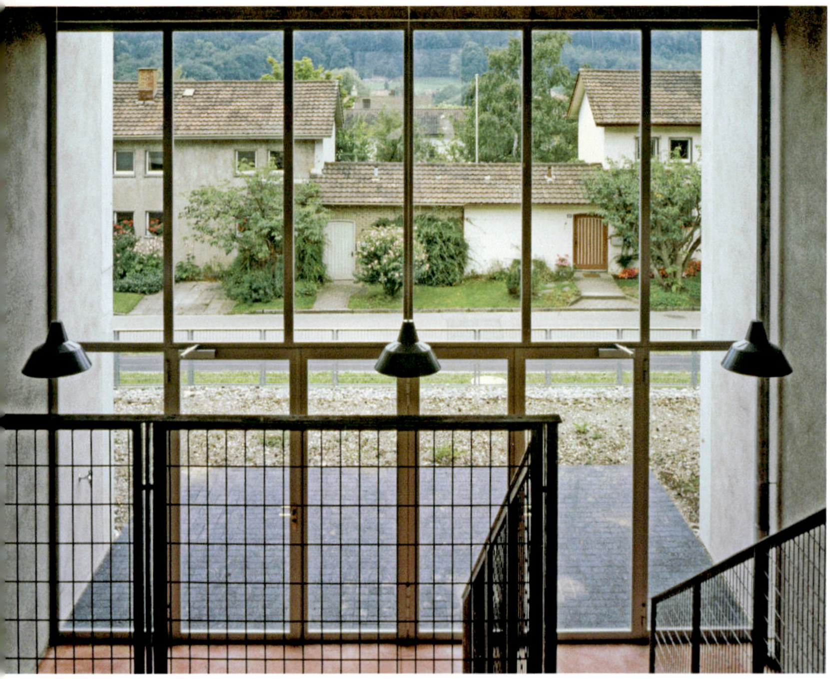

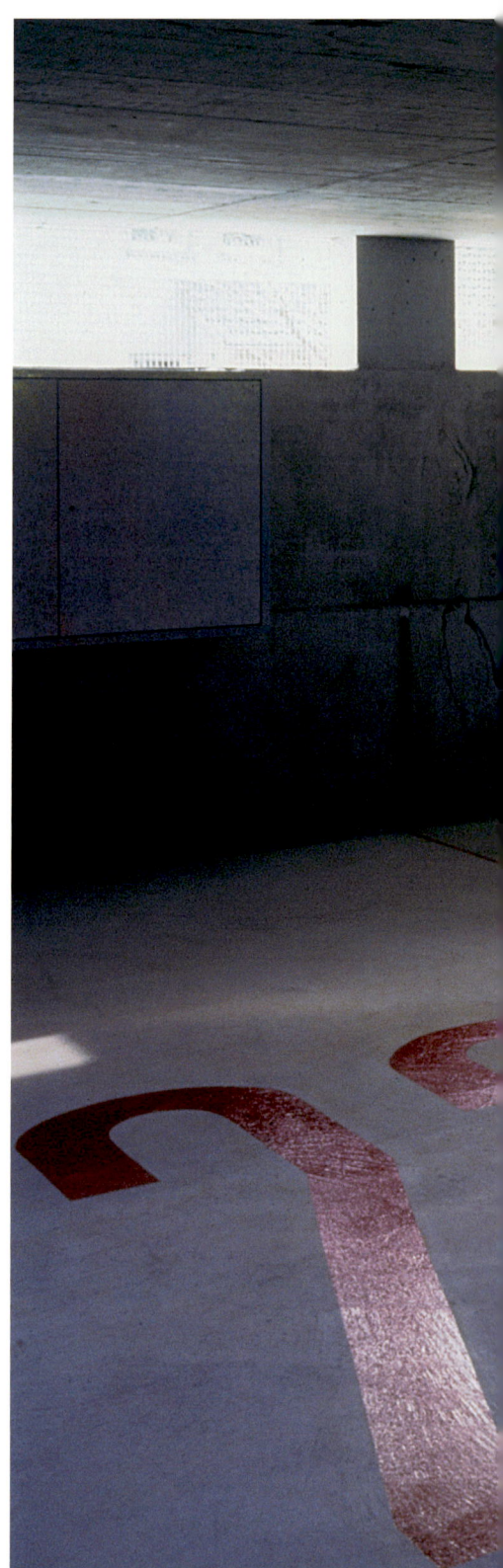

Wohnüberbauung **Weinbergstrasse**

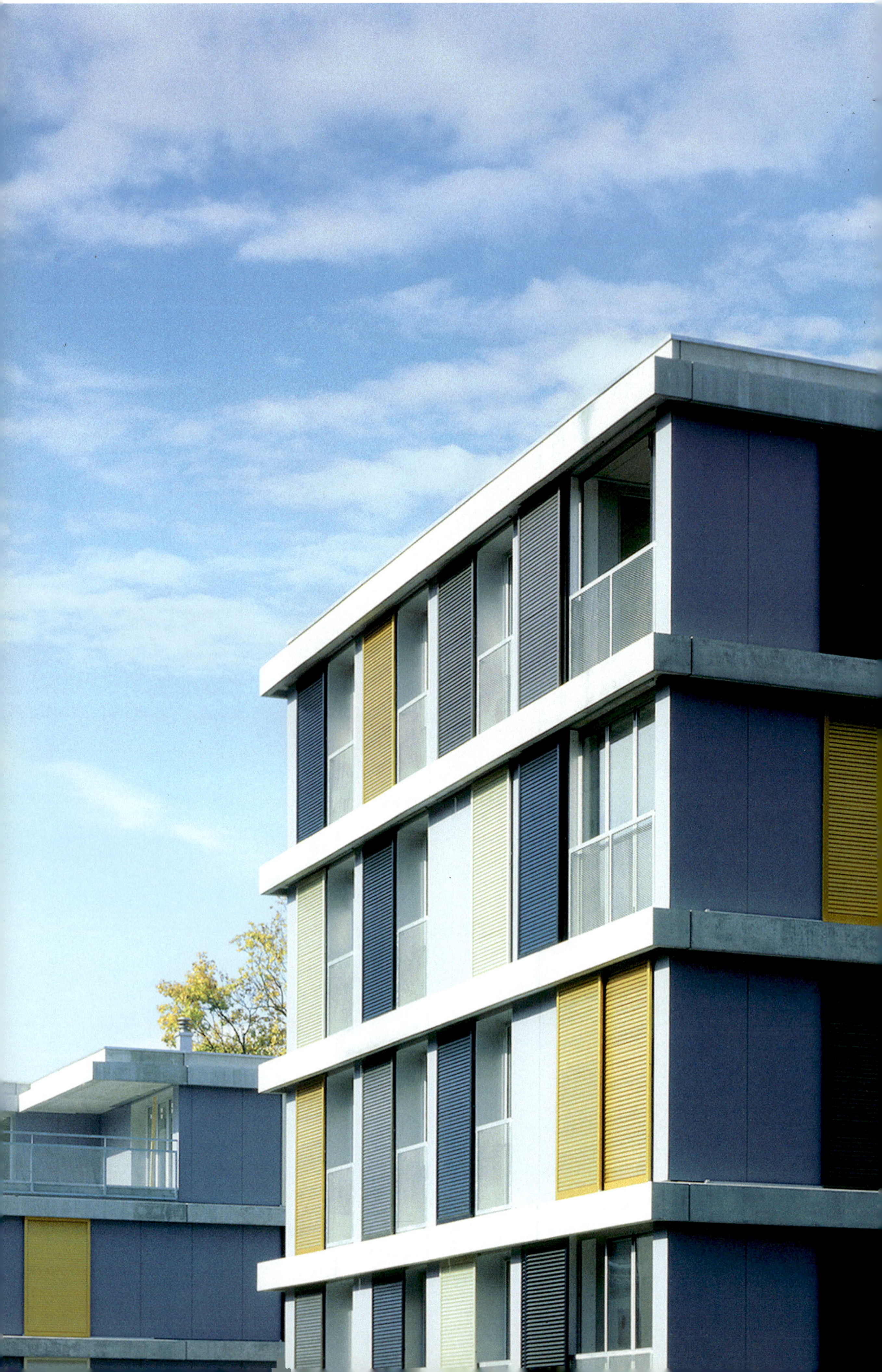

Wohnüberbauung **Ninck-Areal**

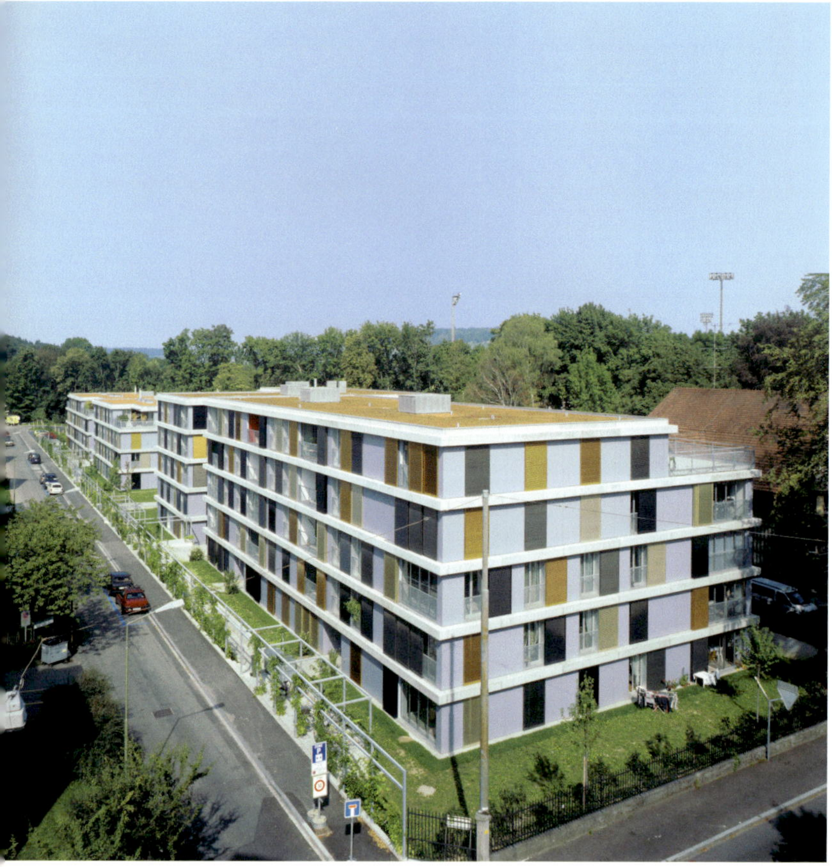

Wohnüberbauung **Ninck-Areal**

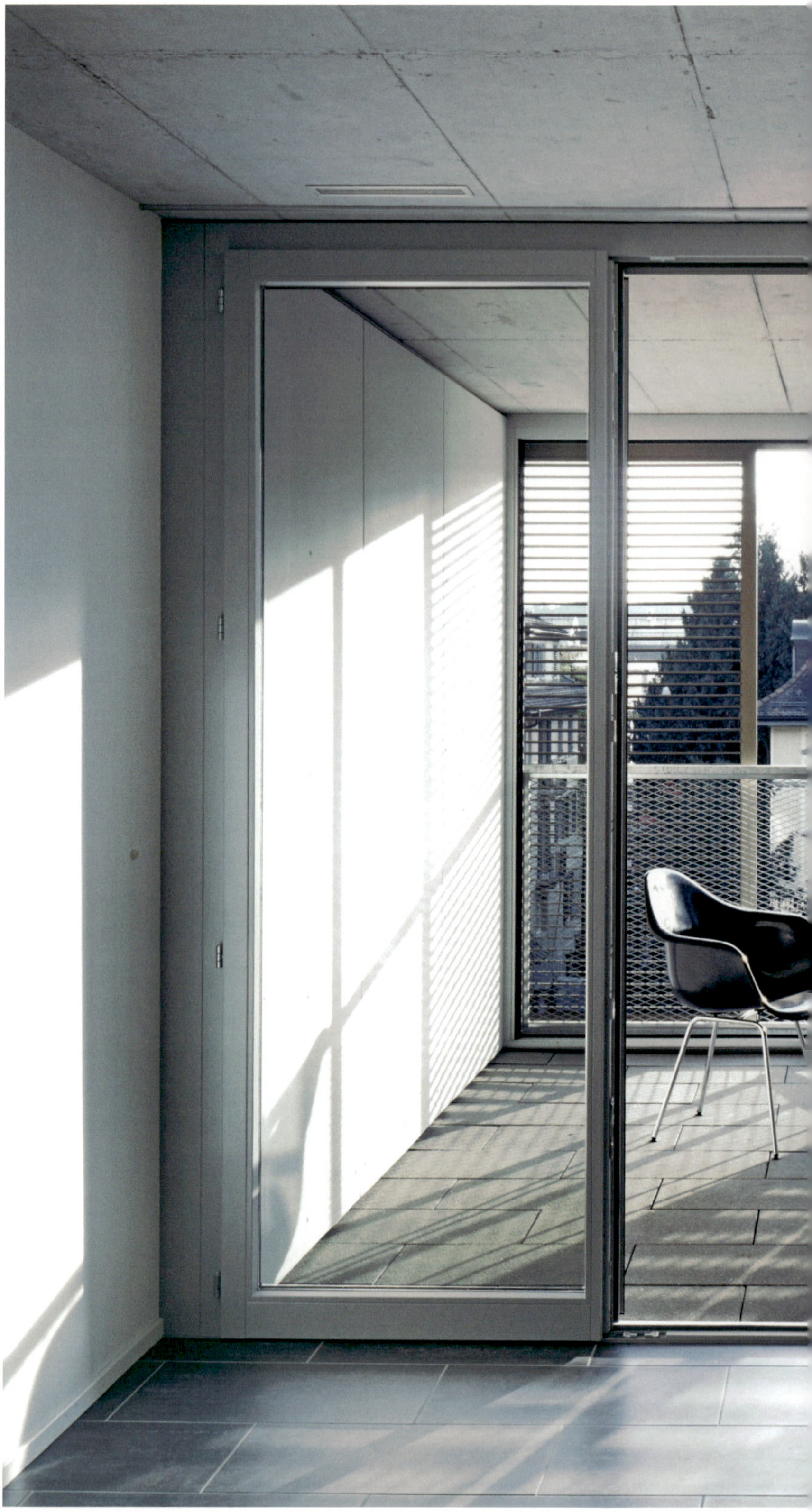

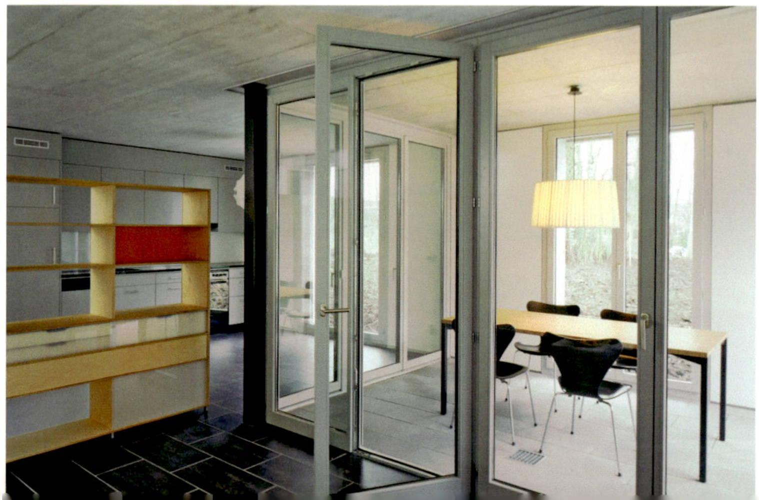

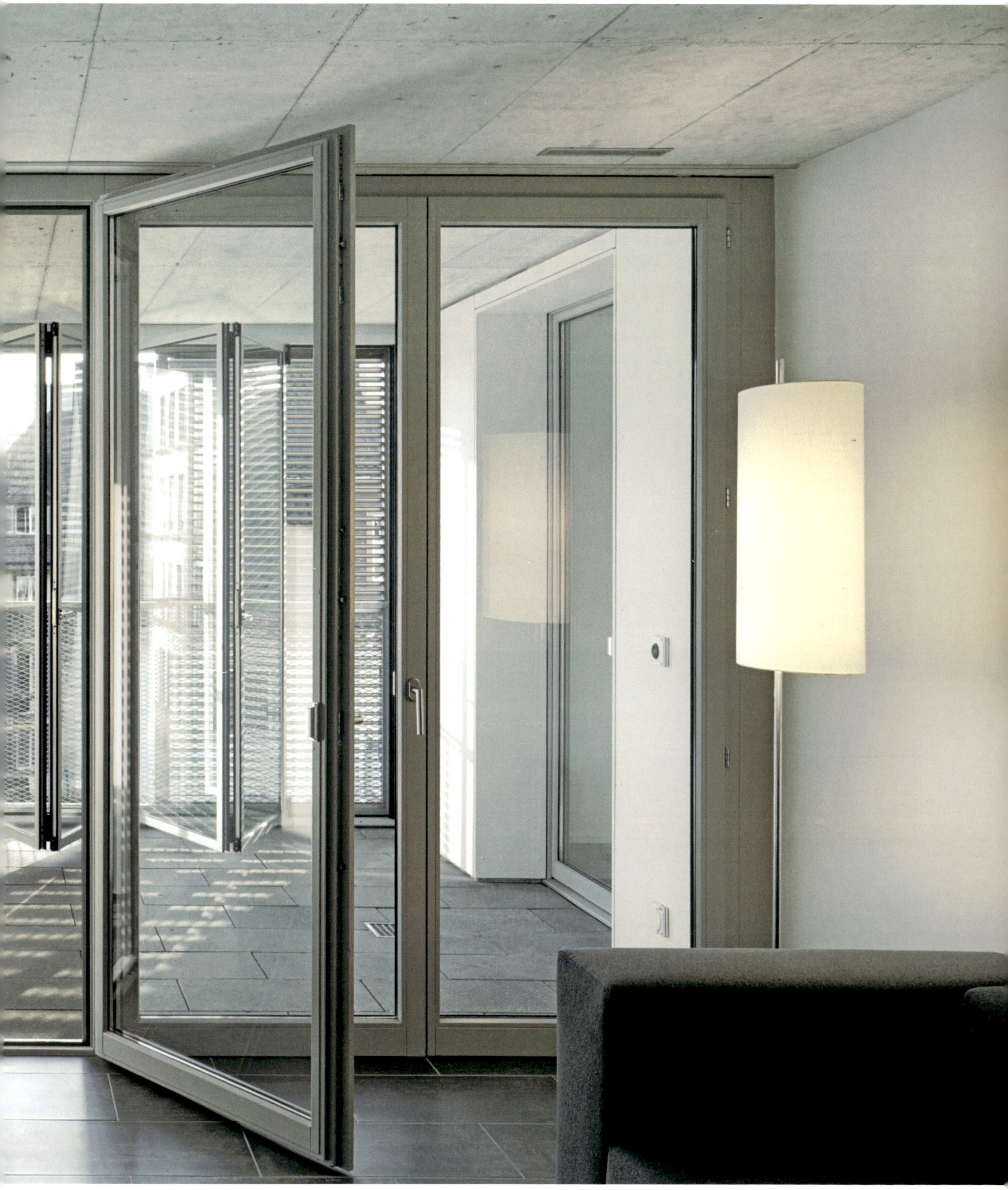

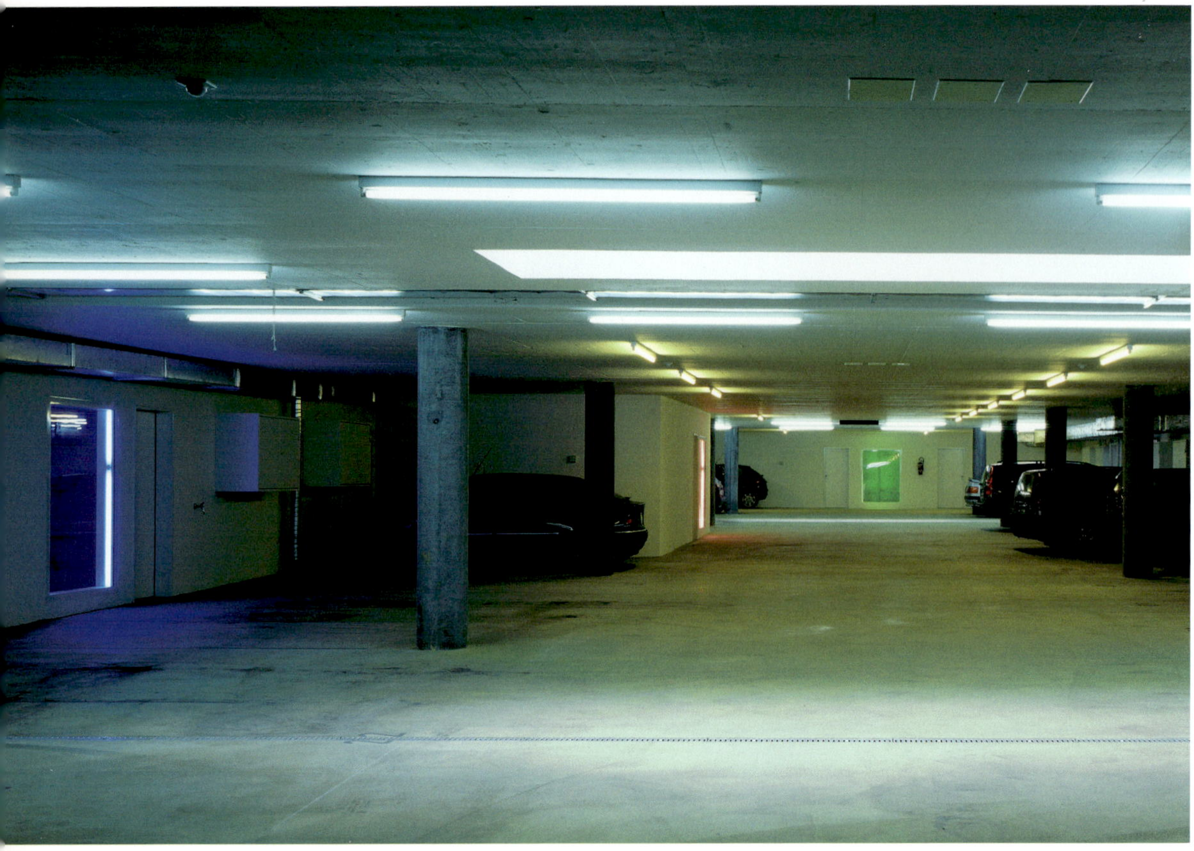

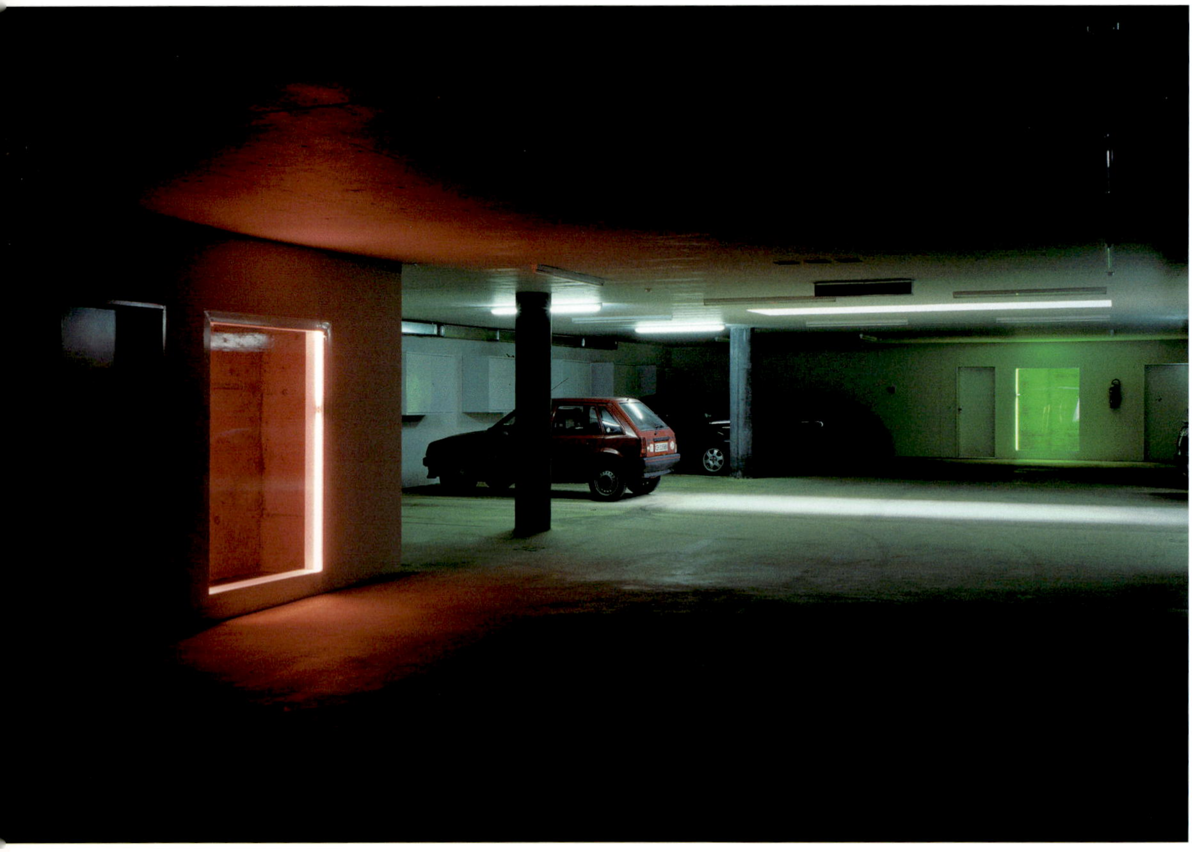

Wohnüberbauung **Ninck-Areal**

Baubesch

Einfamilienhäuser
Uhwiesen
Hammerweg, Winterthur
Hinwil

Mehrfamilienhäuser
Rütihofstrasse, Winterthur
Neumühle Töss, Winterthur

Wohnüberbauungen
Sanierung Siedlung Zelgli, Winterthur
Erweiterung Siedlung Zelgli, Winterthur
Weinbergstrasse, Winterthur
Ninck-Areal, Winterthur

reibungen
und Pläne

Programm:
Einfamilienhaus
Ort:
Unotstrasse 8, Uhwiesen

Planung, Ausführung: 1996–1997

Bauherrschaft:
Erich W. Leibundgut
Projektteam:
Beat Rothen,
Andreas Hürsch
Bauleitung:
Walter Bollinger, Beringen

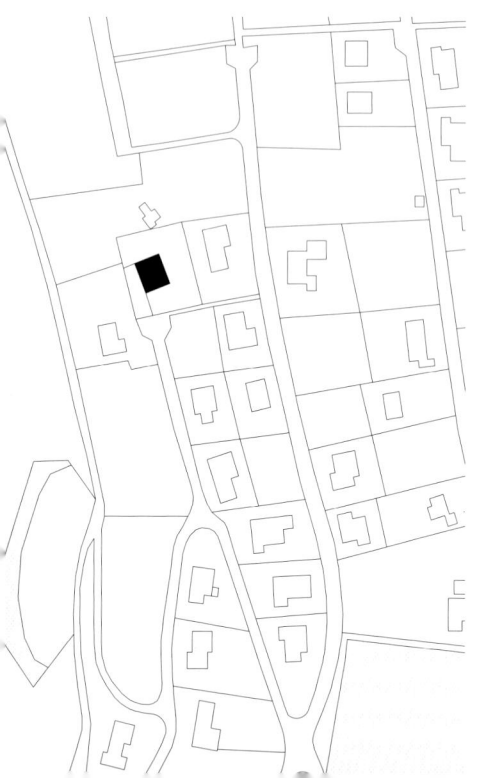

Das Haus Leibundgut liegt ganz oben am Hang von Uhwiesen, am Rand des Kohlfirst-Waldes. Der Dorfkern mit den typischen Riegelhäusern liegt am Fuss des Rebberges. Er ist heute von heterogenen Einfamilienhaus-Quartieren umgeben.

In der gebauten Umgebung finden sich kaum Bezugspunkte oder konstituierende Elemente. Die Landschaft ist bestimmt durch den Weinberg, den Wald, den Steinbruch und den Hang mit seiner grandiosen Aussicht. Diese primären Elemente erlauben ein dialektisches Spiel, schaffen Anreize, ein ebenso starkes, eigenständiges Stück zu realisieren: ein Haus, das sich nicht angleicht, nicht anpasst; ein Haus, das Kraft ausstrahlt, das archaisch wie ein monolithischer Block im Hang ruht.

Das Zweischalen-Mauerwerk ist aussen mit speziellen, vertikal gerippten Zementsteinen umgeben. Diese bilden mit ihrer Abwicklung eine raue, homogene Kruste.

Der Zementstein ist für diesen Bau neu konditioniert worden: Er wurde mit einer reinen Zementmischung hergestellt, um ihn als Sichtstein verwenden zu können. Er wird bis ins Erdreich geführt; das ist möglich, weil er keine kapillare Saugwirkung hat. Durch den fehlenden Sockel erhält das Haus eine feste, fast urwüchsige Verbindung mit dem Boden.

Bei der Dacheindeckung dient ein Well-Eternit als Unterdach, auf welchem Plancolorplatten flächig aufliegen. Dadurch besteht keine Bruchgefahr für die Grossformate. Die grosse, glatte Dachfläche antwortet den mächtigen Dächern der landwirtschaftlichen Bauten in der Umgebung.

Im Gegensatz zur homogenen Erscheinung aussen herrscht im Inneren eine kontrollierte Heterogenität. In den Einheitsraum sind drei einzelne Körper hineingestellt – in diese Zellen zieht man sich zurück zum Schlafen, zum Arbeiten, zum Baden. Jede Zelle ist unterschiedlich materialisiert.

Durch die grosse Fensterfront im Wohnraum erscheint die Landschaft draussen an jedem Tag anders: im Frühsommer der grüne Teppich mit den gelben Rapsbändern, im Sommer die flimmernde Hitze über der Ebene, an leicht nebligen Tagen die Staffelung des Raumes – Hügelzug hinter Hügelzug, wie Kulissen auf einer Bühne –, im Winter der kontraktierte Raum in grau mit den düsteren Schattierungen der Felder unter dem Raureif. An klaren Tagen ist über den trauten Winkeln und nahen Gehöften mit Obstgärten der Alpenkranz zu sehen, die Aussicht erstreckt sich bis in die Berner Alpen mit Eiger, Mönch und Jungfrau. Die Büro-Zelle ist zum Rhein hin ausgerichtet, der Fluss selbst ist nicht zu sehen, dafür die Nebelschlange, die an manchen Tagen als Abbild des Flusses im Tal liegt. Manchmal ragen aus dem Nebelband die zwei Türme der Klosterkirche Rheinau. Vom Schlafzimmer aus gleitet der Blick durch das hoch eingesetzte Fenster fast flach über den Boden in den nahen Wald. Und im Bad öffnet sich der Fensterfokus über der Badewanne zum Himmel; nachts sind die Sterne zu sehen, tagsüber blauer Himmel, grauer Himmel, flüchtige Wolkenbilder.

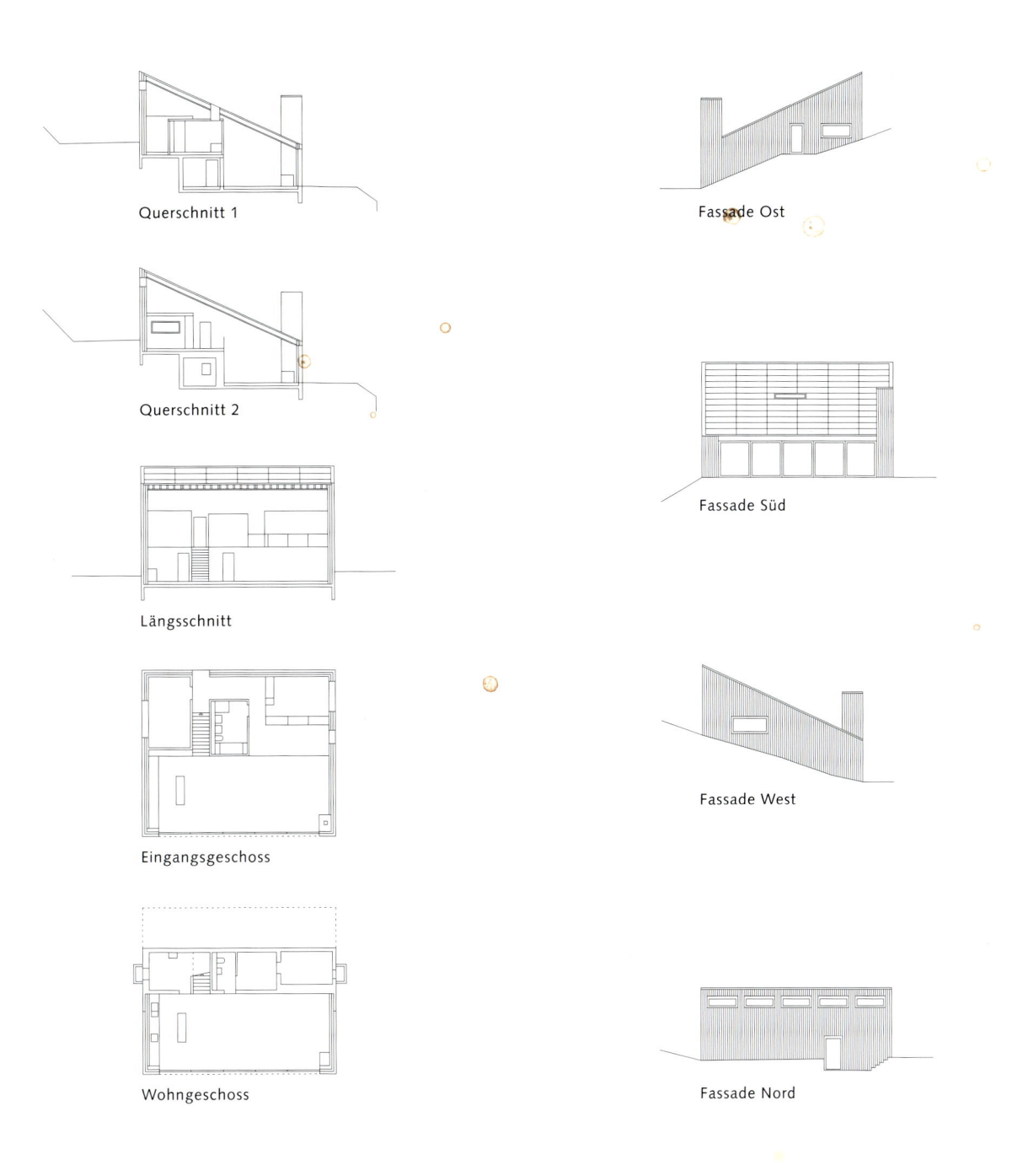

Einfamilienhaus Uhwiesen

Querschnitt 1

Querschnitt 2

Längsschnitt

Eingangsgeschoss

Wohngeschoss

Fassade Ost

Fassade Süd

Fassade West

Fassade Nord

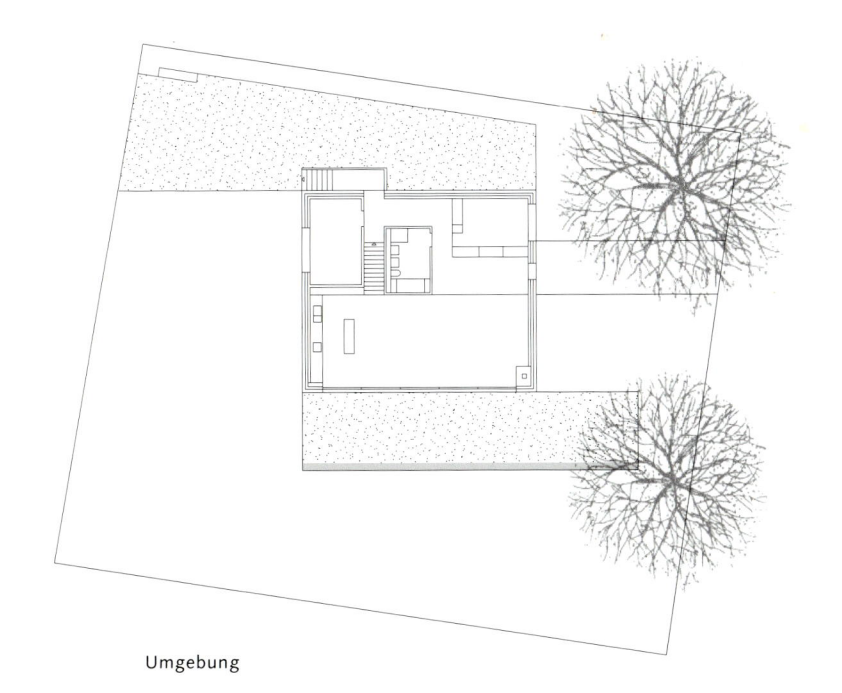

Umgebung

Programm:
Einfamilienhaus
Ort:
Hammerweg 21, Winterthur

Planung, Ausführung: 2000–2002

Bauherrschaft:
Johannes Vogel
und Lisa Bichsel Vogel
Projektteam:
Beat Rothen,
Astrid Kurth,
Matthias Kohler,
Matthias Weber

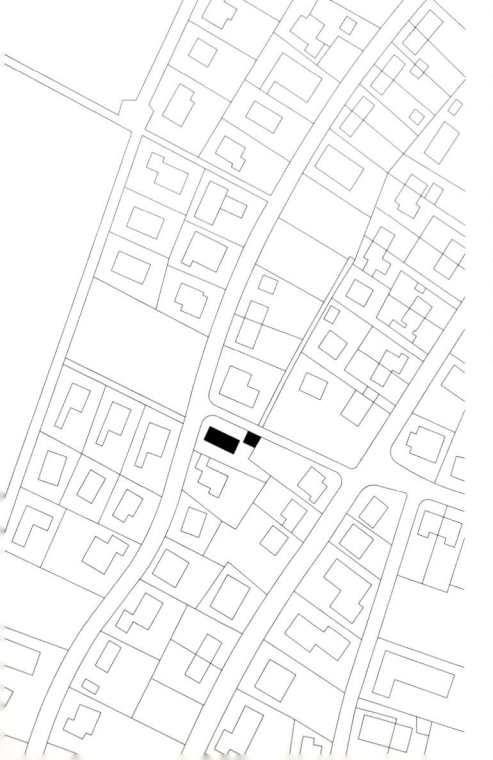

Das Haus am Hammerweg sucht nicht die grosse Geste. Die Bauaufgabe und die topografische Situation sind klar und einfach im Baukörper und der architektonischen Gestaltung umgesetzt. Das Haus hebt sich durch seine einfache kubische Gestalt von den Ein- und Mehrfamilienhäusern in der Nachbarschaft ab.
Der dreigeschossige kompakte Baukörper wächst aus dem natürlichen Gefälle des sanften Wiesenhanges am Fuss des Lindberges. Das Metalldach folgt der Südost-Neigung des Grundstücks. Im Gegensatz zu den aufgesetzten Dachlukarnen und den Eingangsanbauten der Nachbarhäuser sind der Hauseingang im Sockelgeschoss und die geschützte Terrasse im Wohngeschoss in den Kubus eingeschnitten.
Die Ecklage Hammerweg/Kurlistrasse ist exponiert. Die auf diese beiden Strassen ausgerichteten Fassaden sind nahezu geschlossen, mit nur wenigen, als Sehschlitze ausgebildeten Fenstern. Diese geben nichts preis vom Innenleben des Hauses, vermitteln aber von innen heraus – wie gerahmte Bilder – den Blick auf die Gärten und Häuser der Umgebung. Das ganze Haus ist eingekleidet mit vorbewitterten Kupfer-Titan-Zink-Blechen. Die markanten, unterschiedlich überhöhten Stehfälze der Metallverkleidung und die senkrecht zur Fassade stehenden Faltläden mildern durch ihr Spiel von Licht und Schatten die Strenge des Gebäudekörpers und verleihen ihm Tiefe und Konturen. Die Schiebe-Faltläden treten, wenn sie geöffnet sind, markant aus der Fassadenebene; wenn sie geschlossen sind, liegen sie wie eine glatte Fassadenhaut über den Fenstern. Das ebenfalls mit Kupfer-Titan-Zink-Blech belegte Dach tritt mit seinem Oberlicht als fünfte Fassade in Erscheinung.
Der Grundriss ist einfach und kompakt. Drei massive, archaisch wirkende Sichtbetonstützen gliedern jedes Stockwerk in eine schmale Erschliessungszone und eine breite Nutzungszone. Diese kann mit Leichtbauelementen flexibel unterteilt werden.
Erschlossen ist das Haus im Sockelgeschoss, in welchem die Arbeits- und Hauswirtschaftsräume untergebracht sind. Über die einläufige Treppe gelangt man ins erste Geschoss mit drei Schlafzimmern, Badezimmer und separatem WC. Bei geschlossenen Schiebeelementen wirken die Raumverhältnisse kammerartig, bei deren Öffnung entsteht ein fliessendes Raumgefüge. Sichtbetondecken und -pfeiler, weiss verputzte Wände, Böden aus geöltem Industrieparkett mit speziell langen, stehenden Eichenlamellen – diese schlichten Materialien prägen das Haus innen. Zuoberst im Haus befinden sich der Wohn-, Ess- und Küchenbereich mit dem grossen Oberlicht, das den Raum in Licht taucht und den Blick in den Himmel freigibt. Von der grossen geschützten Terrasse aus bietet sich die schönste Aussicht über die Stadt, ins Zürcher Oberland und in die Alpen.

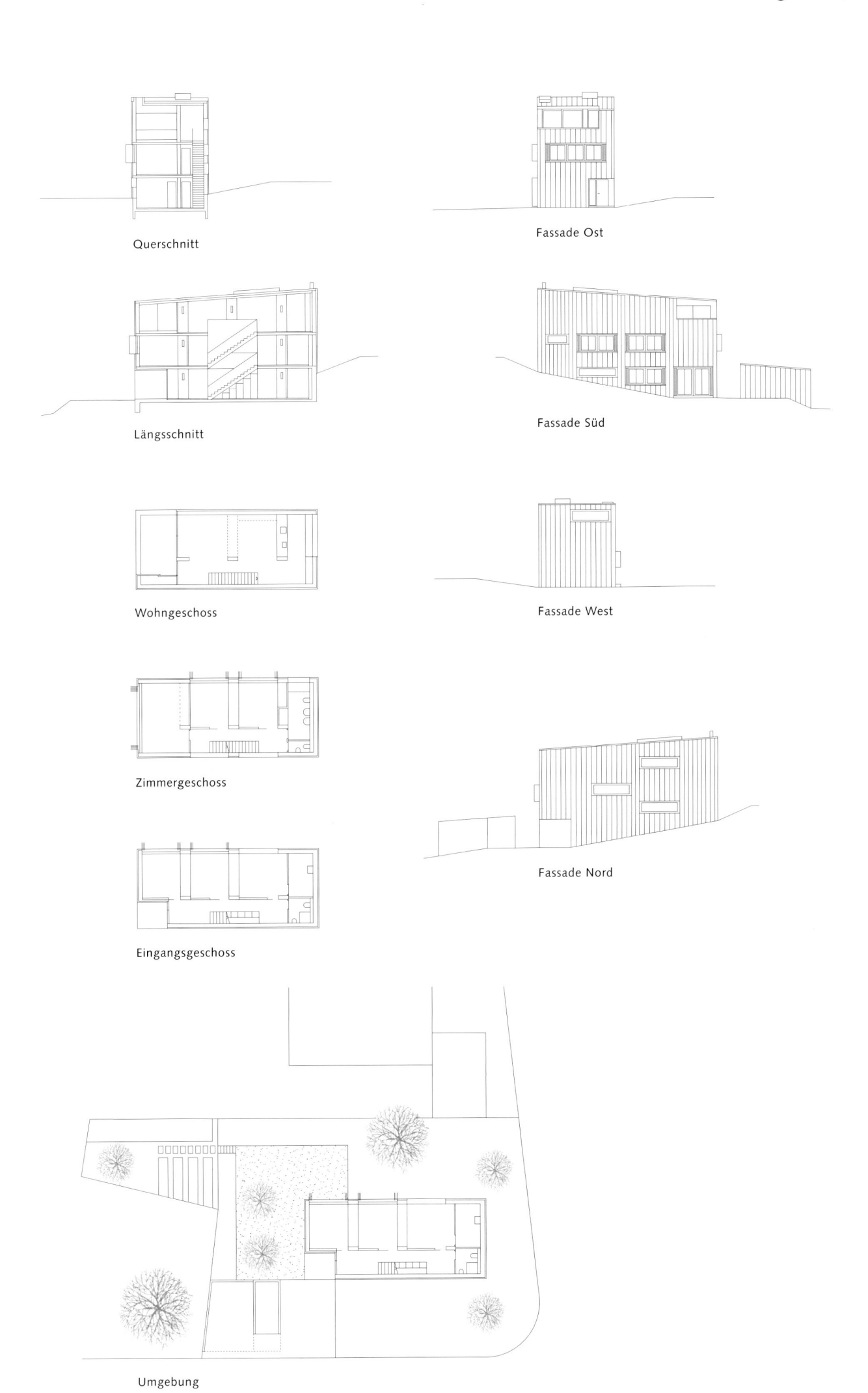

Einfamilienhaus **Hammerweg**

Querschnitt

Fassade Ost

Längsschnitt

Fassade Süd

Wohngeschoss

Fassade West

Zimmergeschoss

Fassade Nord

Eingangsgeschoss

Umgebung

Programm:
Einfamilienhaus
Ort:
Im Lenz, Hinwil

Planung, Ausführung:......2003–2005

Bauherrschaft:
privat
Projektteam:
Beat Rothen,
Fabian Sträuli,
Sandra Frei

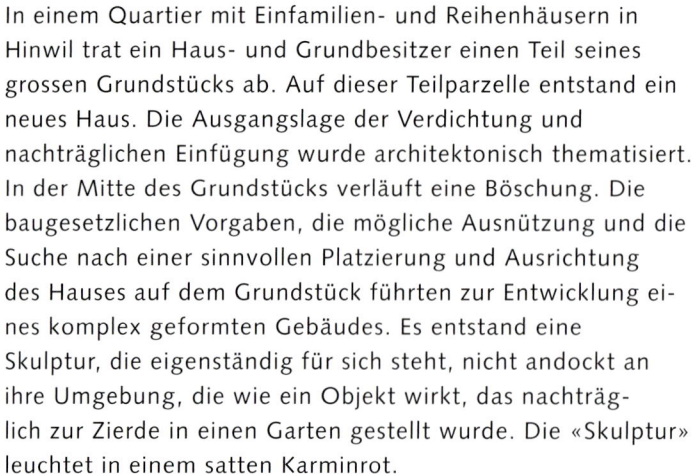

In einem Quartier mit Einfamilien- und Reihenhäusern in Hinwil trat ein Haus- und Grundbesitzer einen Teil seines grossen Grundstücks ab. Auf dieser Teilparzelle entstand ein neues Haus. Die Ausgangslage der Verdichtung und nachträglichen Einfügung wurde architektonisch thematisiert. In der Mitte des Grundstücks verläuft eine Böschung. Die baugesetzlichen Vorgaben, die mögliche Ausnützung und die Suche nach einer sinnvollen Platzierung und Ausrichtung des Hauses auf dem Grundstück führten zur Entwicklung eines komplex geformten Gebäudes. Es entstand eine Skulptur, die eigenständig für sich steht, nicht andockt an ihre Umgebung, die wie ein Objekt wirkt, das nachträglich zur Zierde in einen Garten gestellt wurde. Die «Skulptur» leuchtet in einem satten Karminrot.

Die Struktur besteht aus einem Betongerippe mit wenigen tragenden Wänden und frei auskragenden Betonplatten. Dieses Gerippe ist die Speichermasse des Hauses, im Winter wird es beheizt. Über dieses Gerippe ist eine Hülle aus wärmegedämmten Leichtbauelementen gestülpt. Diese sind mit einer Aussenhaut aus dunkelroter Kunststoff-Folie verkleidet. Die Folie wird im Werk auf eine leichte, sich der Form des Gebäudes anschmiegende Unterkonstruktion aufgezogen und vor Ort montiert.

Das Wohngeschoss ist in der obersten Ebene des Hauses untergebracht. Von hier aus ist eine verblüffende Weitsicht in die Glarner Alpen zu geniessen. Terrasse und Fenster sind nach Südwesten ausgerichtet und bilden eine grosse strukturelle Öffnung, die den Ausblick in die Weite, auf die Berge, freigibt. Am anderen Ende der Wohnebene wird mit einer zweiten Fensteröffnung der Blick ins Grüne der umliegenden Gärten gelenkt. Im grossen Wohnraum erwecken die ungewöhnliche Form der Decke und die abgekröpften Aussenwände den Eindruck, man befände sich in einem grossen schützenden Zelt.

In den Raum hineingestellt sind Leichtelemente für die Kücheninfrastruktur. In der Mitte des Wohnraumes führt eine Treppe hinunter ins Zimmergeschoss. Dieses teilt sich in zwei in Schichten gegliederte Kompartimente. Im einen Kompartiment sind die beiden Elternschlafzimmer, sie sind verbunden über einen Ankleideraum. Von diesem aus betritt man die Schicht mit den frei in den Raum gestellten sanitären Einrichtungen. Im zweiten Kompartiment, auf der anderen Seite der Treppe, sind das Kinder- und ein Arbeitszimmer. Die Kompartimente und deren Raumschichten können mit Schiebewänden ganz oder partiell geschlossen werden. Wenn alle Schiebewände geöffnet sind, ist das ganze Zimmergeschoss frei durchgänglich. Jedes der vier Hauptzimmer hat ein prominentes Fenster, daneben gibt es schmale Sehschlitze, die von aussen, von den nahen Nachbarhäusern her, keine Einsicht erlauben. Vom Zimmergeschoss aus besteht ein direkter Zugang zum oberen Garten.

Im Parterre finden sich die Garage, ein grosses Entree sowie Atelier und Technikraum. Eingang und Stellplatz sind ins Gebäude eingelassen und überdacht.

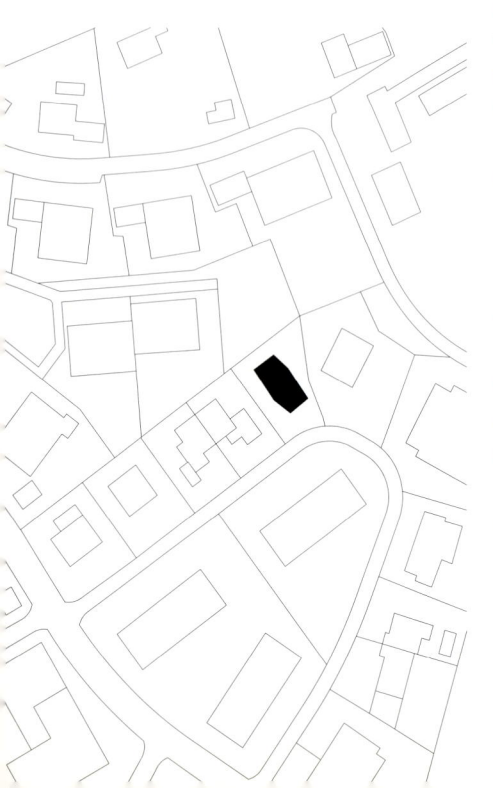

Einfamilienhaus **Hinwil** 90|91

Querschnitt 1

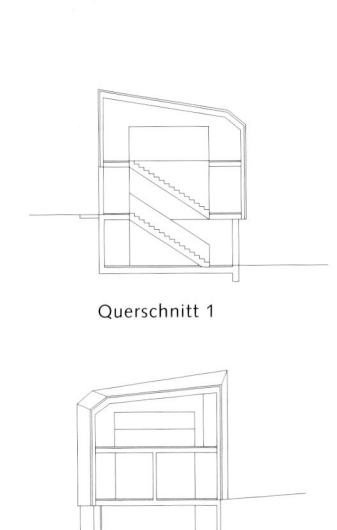

Querschnitt 2

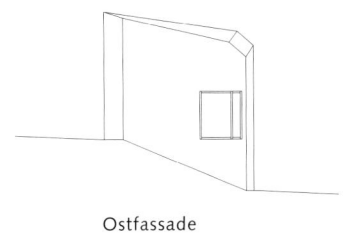

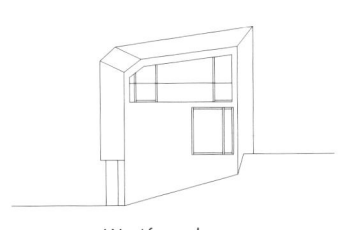

Längsschnitt

Ostfassade

Westfassade

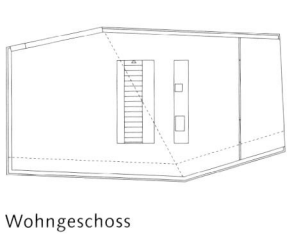

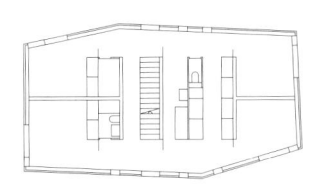

Wohngeschoss

Zimmergeschoss

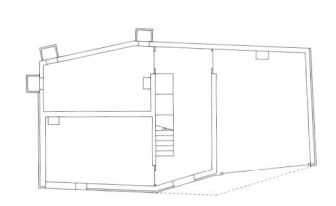

Eingangsgeschoss

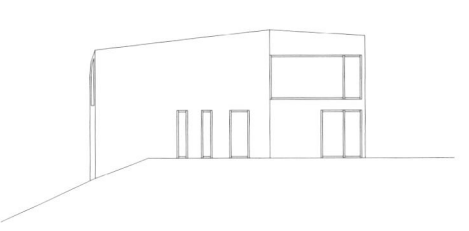

Südfassade

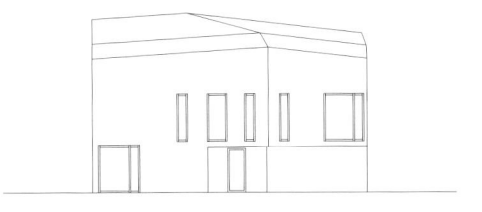

Nordfassade

Umgebung

Programm:
5 Reihenhäuser
Ort:
Rütihofstrasse 77–85,
Winterthur

Planung: 1998–1999
Ausführung: 1999–2000

Bauherrschaft:
Anja Maier
und Thomas F. Werner
Monika Huber Vogler
und Felix Vogler
Arlette und Markus Eppenberger
Elisabeth und Christian Hartmann
Christa Honegger Hauser
und David Hauser
Projektteam:
Beat Rothen,
Walter Gubler,
Matthias Kohler
Landschaftsarchitekt:
Rotzler Krebs Partner, Winterthur
Bauleitung:
René Gasser, Winterthur

Eine Naturwiese am Stadtrand, zu etwa einem Drittel von Wald umgeben – eine idyllische Waldlichtung. Am einen Rand der Wiese die Rütihofstrasse mit den daran angrenzenden muralen Reihen- und Einfamilienhäusern des gewachsenen Quartiers, am anderen Rand, in südwestlicher Richtung, Schrebergarten-Häuschen mit Pflanzgärten, Fahnenstangen, Grillplätzen – kleinzellige Wochenendparadiese. Im Süden das hinter Bäumen und Sträuchern verborgene Freibad, errichtet in der Sprache der Moderne, und das Sonnenbad aus der Zeit der Freikörperkultur. In der näheren Umgebung der als Naherholungsgebiet genutzte Schützenweiher und die Spazierwege. Und weiter oben in der Strasse die Siedlung mit den Chalethäusern aus Holz. An diesem Ort prallen Gegensätze aufeinander. Daraus eröffnet sich ein Potential für die architektonische Vermittlung: Die dispersen Spuren und unterschiedlichen Charakteristika aufnehmen, zwischen ihnen vermitteln und in einer architektonischen Skulptur neu interpretieren, mit Überlagerungen eine neue, aber vermittelnde Eigenständigkeit schaffen.
Nach Nordosten hat die Reihenhaus-Skulptur einen geschlossenen Charakter. Sie nimmt damit Bezug auf die Reihen- und Einfamilienhäuser hangabwärts im Quartier. Richtung Südwesten ist sie aufgelöst, reagiert auf die Kleinteiligkeit der Schrebergarten-Häuschen oben am Hang.
Das abgewinkelte Eckhaus markiert den Abschluss zum Wald hin. Innerhalb der Skulptur besteht eine durchgehende Grundstruktur mit der einheitlichen Erschliessung, der Anordnung der Sanitärzellen, dem als transluzider Sockel ausgebildeten Eingangsgeschoss, dem Panoramafenster in den obersten Geschossen und der Lichtführung vom Dachoberlicht hinunter auf die Treppen. Diese Grundstruktur erzeugt innerhalb der fünf Häuser eine Einheitlichkeit und rhythmische Regelmässigkeit. Im Gegensatz dazu sind die Wohngeschosse, die wegen der Sonneneinstrahlung vom Hang her im obersten Geschoss angeordnet sind, fünf individuelle Unikate mit je eigenem Ausdruck und individueller Gestaltung der Küche, des Ess- und Wohnbereichs sowie der eingezogenen privaten Terrasse.
In ihrer Anordnung, Kalibrierung und Funktionalität nimmt die Reihenhaus-Skulptur Bezug auf die Wohnhäuser im Quartier. In ihrer heterogenen Sprachlichkeit mit den vielfältigen Materialien reagiert sie auf die Schrebergarten-Welt. Um die muralen Häuser legt sich wie eine Membran eine Hülle aus naturbelassenem Lärchenholz, deren Latten in ihrer Dimensionierung an Gartenzäune erinnern. Auf dem Dach liegt eine Schüttung aus rotem Ziegelschrot. Über die Terrassen spannen sich bei Sonnenlicht horizontale Faltmarkisen. Der transluzide Sockel besteht aus gerripptem Glas. Durch dieses dringt tagsüber Licht in die vielfältig nutzbaren Erdgeschossräume, nachts dringt Licht von innen auf die Strasse hinaus. Hinter den Häusern, auf der Hangseite, liegen Kiesplätze. Das übrige Terrain ist eine grosse Naturwiese mit Obstbäumen.

Mehrfamilienhaus Rütihofstrasse

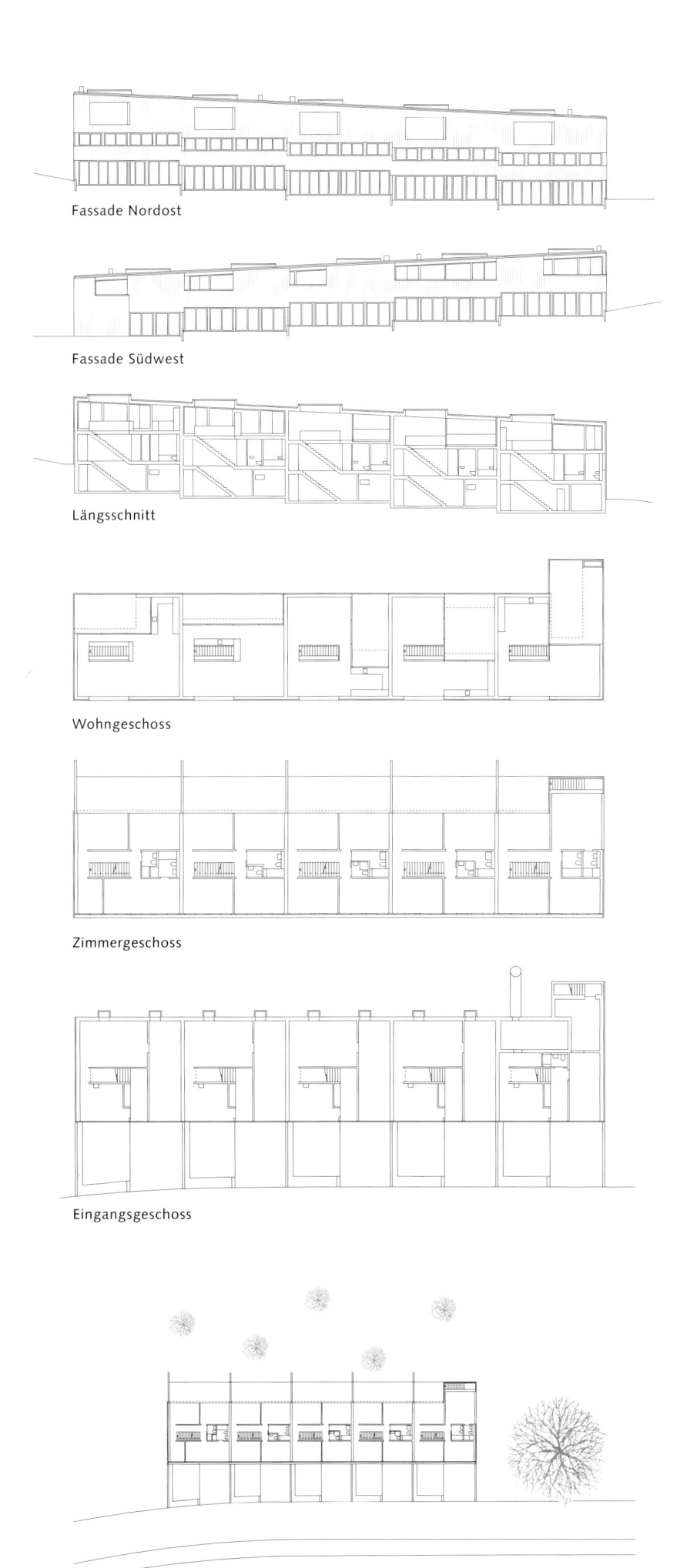

Fassade Nordost

Fassade Südwest

Längsschnitt

Wohngeschoss

Zimmergeschoss

Eingangsgeschoss

Umgebung

Programm:
14 Eigentumswohnungen
Ort:
Neumühlestrasse 10–36,
Winterthur-Töss

Planung: 2002
Ausführung: 2003–2004

Bauherrschaft:
Guido Thaler AG, Herbert Thaler,
Winterthur
Projektteam:
Fabian Sträuli,
Simon Sutter,
Beat Rothen
Landschaftsarchitektin:
Constantia Spühler, Küsnacht
Künstlerisches Konzept:
Thomas Rutherfoord, Winterthur
Bauleitung:
Ruedi Dürsteler,
Michael Müller; Winterthur

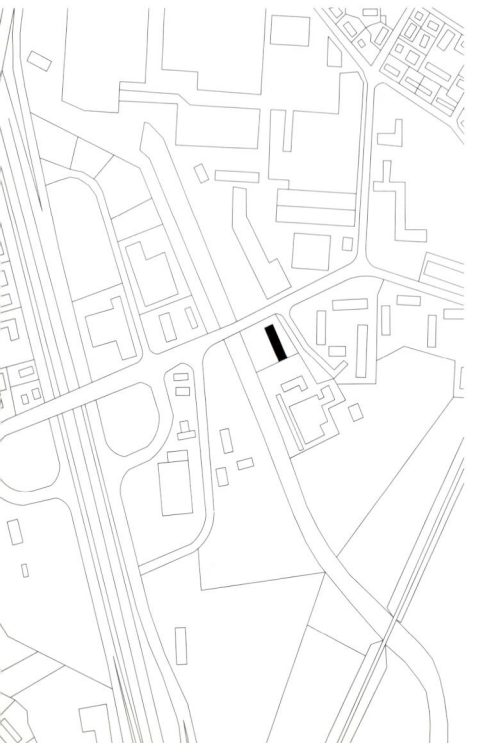

Die Überbauung Neumühlestrasse liegt am Rand des Stadtteils Töss, dem einstigen Arbeiter- und Industriequartier Winterthurs. Der Ort ist geprägt von den Industriebauten der Rieter AG und den Silotürmen der nahen Mühlen, der Eisenbahnlinie nach Zürich und der Autobahn A1. Unübersehbar ist aber auch die landschaftliche Schönheit des Gebietes mit dem Fluss Töss und seinem baumbestandenen Grünraum, der Tössallmend und dem weitläufigen Eschenbergwald.

Dank seiner Material- und Farbgebung hat das Gebäude einen prägnanten Auftritt. Als Fassadenmaterial wurde Fiberglas gewählt. Die Farben der senkrecht montierten Wellplatten – ein kräftiges Orange und ein leuchtendes Meerblau – harmonieren miteinander und generieren einen starken Akzent inmitten der eher gesichtslosen, heterogenen Umgebung. Material und Farben lassen die Fassaden im Sonnenlicht leicht glitzern. Dies schafft einen Bezug zur reflektierenden Wasseroberfläche der Töss.

Nachts zeigt sich auf dem Vorplatz ein aussergewöhnliches Beleuchtungsszenario. Auf der Betonwand vis-á-vis der Hauseingänge sind weisse Streifen aufgetragen – diese reflektieren das Licht der im Boden eingelassenen LED-Beleuchtung und finden ein Echo im leuchtenden Scobalit-Sockel der Briefkästen vor dem Eingang zum Treppenhaus.

Der Aufbau des viergeschossigen Gebäudes erklärt sich aus dem Querschnitt: 14 zweigeschossige Reiheneinfamilienhäuser liegen in zwei Schichten übereinander. Die unteren sieben Wohnungen verfügen über einen ebenerdigen Sitzplatz mit direktem Zugang zum Uferraum der Töss. Die oberen Wohnungen sind über einen Laubengang erschlossen, der via Treppe oder Lift erreichbar ist. Alle haben eine private grosse Dachterrasse. Aus schallkonzeptionellen Überlegungen liegen die Schlafzimmer im ersten bzw. zweiten Stock in einer Mittelschicht übereinander. Die Zweigeschossigkeit ist in den unteren Wohnungen am lang gezogenen, schmalen Fenster mit der dahinter liegenden Treppe ins Zimmergeschoss erkennbar. Die Vorgabe, möglichst günstigen Wohnraum zu schaffen, spiegelt sich in der einfachen Gebäudestruktur in Mischbauweise mit einschaligen, doppelgeschossigen Betonrahmen und darin eingeschobenen Leichtkonstruktionen. Die hinterlüfteten Fassaden werden von grossflächigen Holzelementen gebildet, die vor die Betonkonstruktionen montiert sind. Auch die kammartigen Dachaufbauten sind hölzerne Leichtkonstruktionen.

Trotz der einfachen Struktur ist eine Flexibilität in den Wohnungsgrössen möglich. Beim Lift finden sich auf allen Geschossen Schaltzimmer, welche zu den Wohnungen links oder rechts des Liftes zugeordnet werden können. Auch auf dem Dach sind an zwei Stellen breitere Dachaufbauten mit zusätzlichen Zimmern für die dazugehörigen Wohnungen realisiert worden. Die Innenausbauten erfolgten nach den persönlichen Ausbauwünschen der Eigentümer.

Mehrfamilienhaus Neumühle Töss

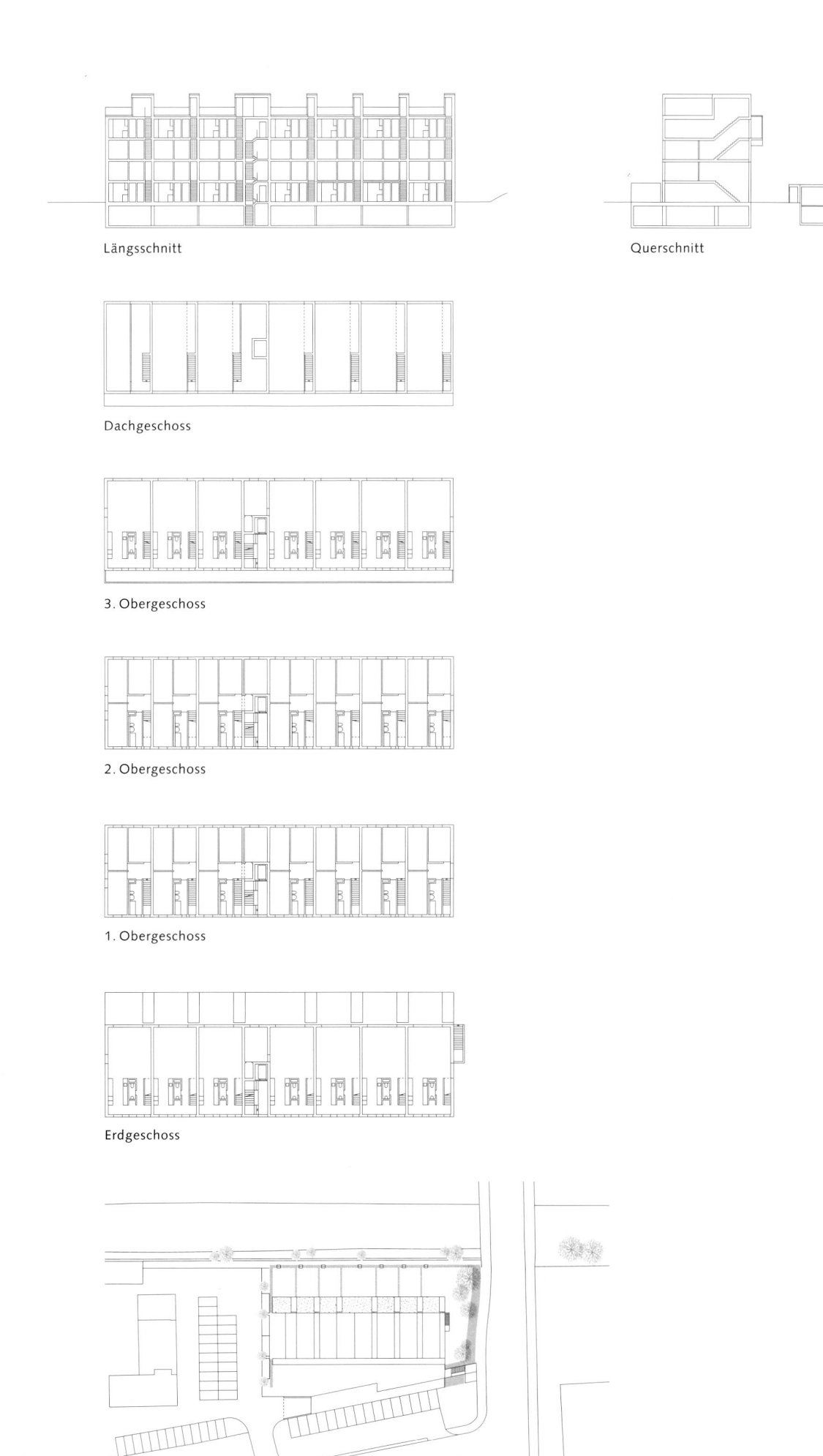

Längsschnitt

Querschnitt

Dachgeschoss

3. Obergeschoss

2. Obergeschoss

1. Obergeschoss

Erdgeschoss

Umgebung

Programm:
Sanierung und Erweiterung
von 60 Reiheneinfamilien-
häusern
Ort:
Eisweiherstrasse, Winterthur

Studienauftrag: 1994
Planung: 1995
Ausführung: 1996–1998

Bauherrschaft:
Gemeinnützige
Wohnbaugenossenschaft
Winterthur
Projektteam:
Beat Rothen,
Samuel Schwitter,
Christine Demander,
Matthias Denzler,
Walter Gubler
Bauleitung:
Strässler + Bundi Architekten,
René Gasser; Winterthur

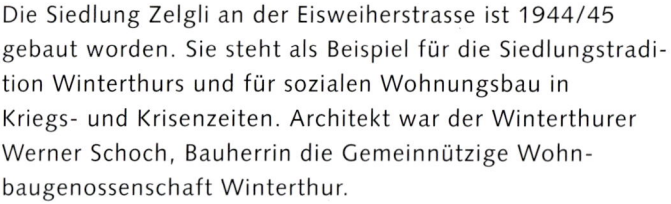

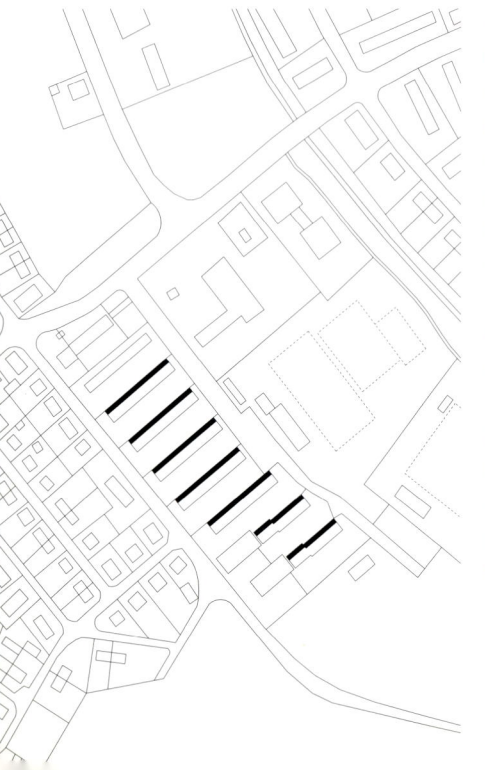

Die Siedlung Zelgli an der Eisweiherstrasse ist 1944/45 gebaut worden. Sie steht als Beispiel für die Siedlungstradition Winterthurs und für sozialen Wohnungsbau in Kriegs- und Krisenzeiten. Architekt war der Winterthurer Werner Schoch, Bauherrin die Gemeinnützige Wohnbaugenossenschaft Winterthur.

Die Siedlung besteht aus acht parallel stehenden, von Südwest nach Nordost in der Höhe abgetreppt verlaufenden Längsriegeln mit sechs mal acht und zwei mal sechs Reiheneinfamilienhäusern. Diese Riegel bilden und begrenzen die klaren, lang gezogenen Aussenräume der Siedlung. Die charakteristische Qualität der Aussenräume blieb im Erweiterungsprojekt erhalten, indem vor die bestehenden Reiheneinfamilienhäuser über die ganze Länge der Baukörper eine neue Schicht gestellt wurde.

Die neuen Fassaden sind wie die der alten Siedlung einfach in der Rhythmisierung und glatt. Unterschiede manifestieren sich in der Wahl der Materialien und der Konstruktion sowie in der Proportionierung und Gestaltung der Fassaden: Die alte Fassade war eine tragende, verputzte Holzständerkonstruktion, bei der neuen thematisieren die geschichtet versetzten Eternitplatten, dass diese Fassade keine tragende, statische Funktion hat, sondern nur als schützende Wetterhaut dient.

Die bestehenden Hauseinheiten sind in Schichten quer zur Haustiefe aufgebaut. Das Prinzip der Schichtung wurde für die Erweiterung übernommen. Die neuen Räume der Erweiterungsschicht können flexibel genutzt werden, sie ermöglichen die Anpassung an unterschiedliche Raum- und Nutzungsbedürfnisse. Die neue Nutzungsschicht wurde mit den ursprünglichen Häusern über eine Fuge verschweisst. Altbau und Erweiterungsschicht werden als ganzes Konstrukt behandelt. Die Fuge ist am Dach als Wasserrinne und an den Fassadenenden einer jeden Zeile als offener Wasserabfluss ausgebildet.

Aus dem bewussten Umgang mit der Geschichte der Siedlung entstand eine neue Charakteristik, geprägt von Fragmenten und Korrekturen, Überlagerungen und Umbauten, wobei das Veränderte nie völlig vom Ursprünglichen losgelöst wurde. Aus dieser Interpretation der Sprache der bestehenden Bausubstanz entstand eine neue Architektur, welche alt und neu verbindet. Das Prinzip des Palimpsests ist Strategie. Diese Strategie zeigt sich beispielsweise bei den braun lasierten Holzbalken und den Fenstereinfassungen, welche als prägende Charakteristika des Hauses belassen wurden. In den Zimmern hängen wieder Tapeten. Bei den Fenstern im Altbau blieben die alten Rahmen und Einfassungen, die Fensterflügel wurden aber durch wärmetechnisch bessere Gläser ersetzt. Die Fensterbeschläge im alten Teil wurden nach Vorgabe der ehemaligen Beschläge erneuert, im neuen sind moderne angebracht. Im alten Hausteil hängen Jalousieläden aus Holz, im neuen Faltläden aus braunem Sperrholz. Die ehemaligen Aussenfenster im Obergeschoss sorgen nun im Übergang zwischen alter und neuer Hausschicht für Licht und Transparenz in Bad und Korridor. Die alte Haustüre hängt auch im erweiterten Haus da, wo sie immer war.

Sanierung Siedlung **Zelgli**

Fassade Südost

Fassade Nordwest

Querschnitt 1

Querschnitt 2

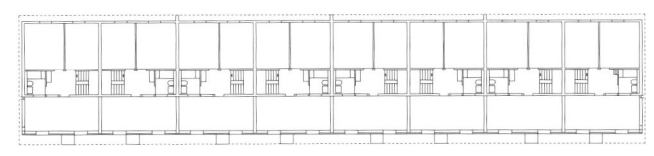

Obergeschoss

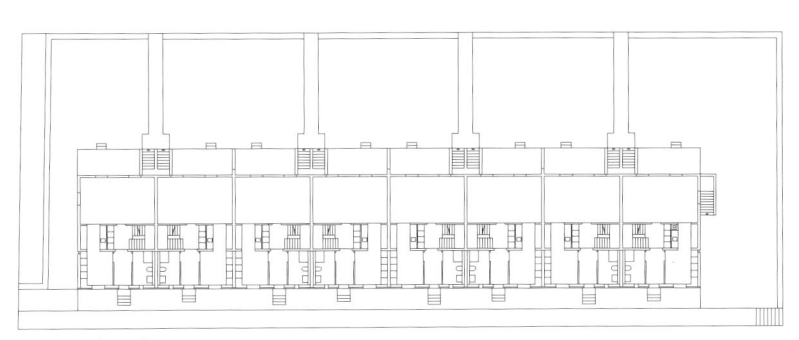

Erdgeschoss

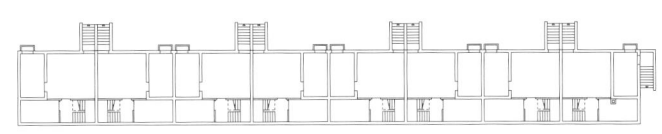

Untergeschoss

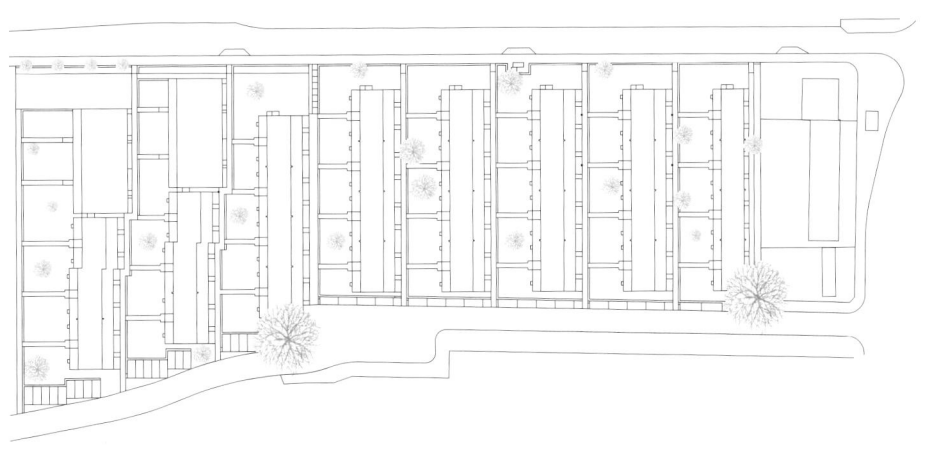

Umgebung

Programm:
16 Kleinwohnungen
Ort:
Langgasse, Winterthur

Planung: 1997
Ausführung: 1998–1999

Bauherrschaft:
Gemeinnützige
Wohnbaugenossenschaft
Winterthur
Projektteam:
Beat Rothen,
Walter Gubler
Landschaftsarchitekt:
Matthias Krebs, Winterthur
Bauleitung:
Strässler + Bundi Architekten,
René Gasser; Winterthur

Die städtebauliche Konzipierung der Wohnbauten an der Langgasse beruht auf der Akzeptanz der Realitäten der alten Siedlung Zelgli: Die Ergänzungsbauten Langgasse nehmen das Thema des Versatzes der siebten und achten Zeile auf und verstärken damit die spezielle Aussenraum-Charakteristik. Sie führen die Rhythmisierung weiter und beziehen sich in ihrer Sprache auf das Ambiente der alten Häuser, auf ihre Einfachheit und pragmatische Funktionalität.

Die Massigkeit der neuen Bauten ist Ausdruck der Verdichtung, die an diesem Ort den Abschluss der Siedlung thematisiert. Sie ist gleichzeitig auch Ausdruck für die neuen Wohnungstypen: Die kleinen Geschosswohnungen mit zwei oder drei Zimmern, die als Klein- oder Alterswohnungen genutzt werden können, erweitern das Wohnungsangebot.

Die Materialisierung der Ergänzungsbauten nimmt Bezug auf die gleichzeitig realisierten Erweiterungsschichten vor den Reihenhäusern. Die grauen, glatten Eternithüllen der Fassaden mit den Schiebeläden aus Sperrholz adaptieren sich an die abwechselnd hellen und dunklen Eternitplatten der Erweiterungsschichten und machen das Ganze als einheitliches Konstrukt lesbar.

Dank des Systems von Schiebewänden sind die kleinen Wohnungen in ihrer ganzen Dimensionierung, ihrer ganzen Tiefe erlebbar, sie wirken transparent, sind von einer Fassade zur anderen lichtdurchflutet. Die einzelnen Wohnbereiche, die sich stufenweise durch Schliessen der Schiebewände abtrennen lassen, sind jeder für sich neutral und flexibel nutzbar.

Die Balkone sind räumlich in die Wohnung einbezogen und erweitern den Wohnraum. Der Benutzer bestimmt mittels der Schiebeläden selber den Grad an Privatheit und an Beziehung zur Aussenwelt, den er auf seinem Balkon wünscht.

Die spezielle Qualität der Wohnungen im Erdgeschoss besteht im starken Bezug zum Garten und zum weiteren Aussenraum. Die Wohnungen im Obergeschoss zeichnen sich durch eine grosse Raumhöhe und das Oberlicht im Dachabsatz aus, durch welches von Westen her das Abendlicht einfällt.

Erweiterung Siedlung **Zelgli**

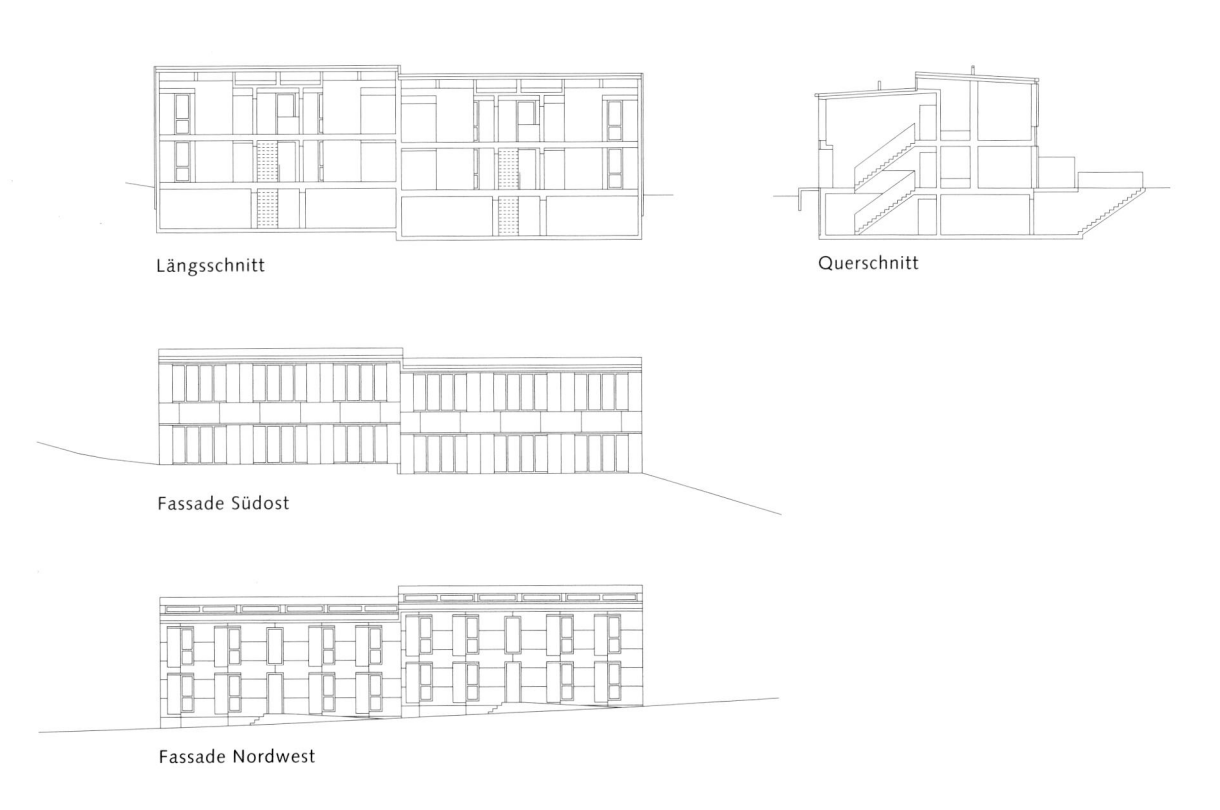

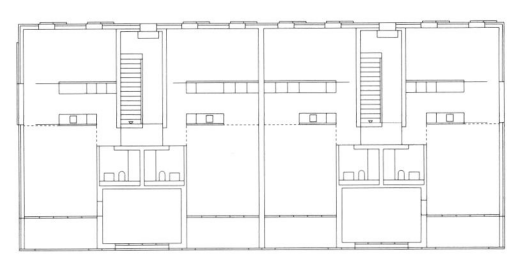

Längsschnitt

Querschnitt

Fassade Südost

Fassade Nordwest

1. Obergeschoss

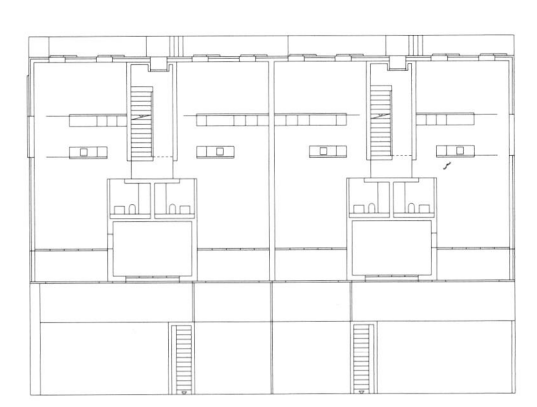

Erdgeschoss

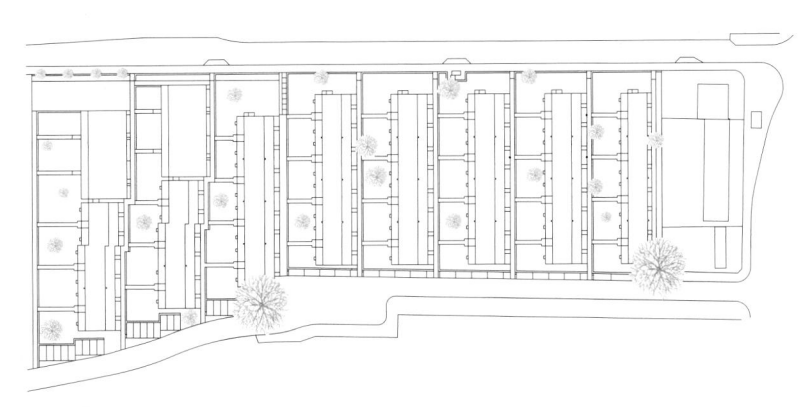

Umgebung

Programm:
31 Eigentumswohnungen
Ort:
Weinbergstrasse 69 + 71,
Winzerstrasse 58,
Winterthur

Wettbewerb: 1992
Planung: 1993–1994
Ausführung: 1994–1996

Bauherrschaft:
Gesellschaft für Erstellung
billiger Wohnhäuser in Winterthur
Projektteam:
Beat Rothen,
Robert Rothen,
Samuel Schwitter
Landschaftsarchitekt:
Hansjörg Walter, Winterthur
Bauleitung:
Ruedi Dürsteler, Winterthur

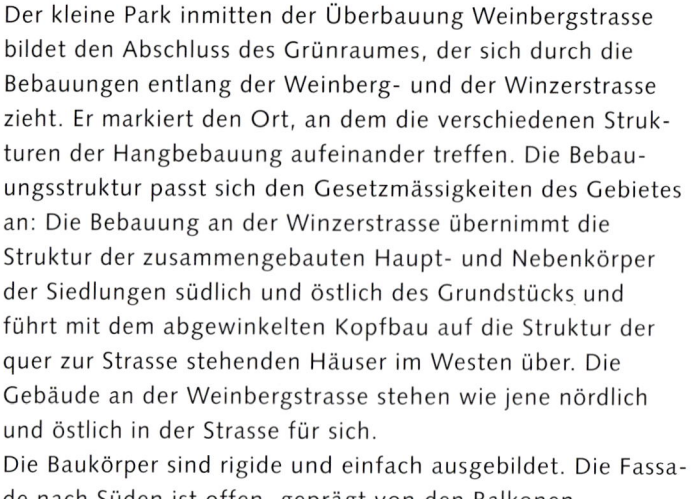

Der kleine Park inmitten der Überbauung Weinbergstrasse bildet den Abschluss des Grünraumes, der sich durch die Bebauungen entlang der Weinberg- und der Winzerstrasse zieht. Er markiert den Ort, an dem die verschiedenen Strukturen der Hangbebauung aufeinander treffen. Die Bebauungsstruktur passt sich den Gesetzmässigkeiten des Gebietes an: Die Bebauung an der Winzerstrasse übernimmt die Struktur der zusammengebauten Haupt- und Nebenkörper der Siedlungen südlich und östlich des Grundstücks und führt mit dem abgewinkelten Kopfbau auf die Struktur der quer zur Strasse stehenden Häuser im Westen über. Die Gebäude an der Weinbergstrasse stehen wie jene nördlich und östlich in der Strasse für sich.

Die Baukörper sind rigide und einfach ausgebildet. Die Fassade nach Süden ist offen, geprägt von den Balkonen, den Terrassen und den grossen Fenstern. Die geschosshohen Fensterjalousien nehmen ein typisches Element der Umgebung auf und thematisieren es neu. Die Nordfassade mit den privaten Wohnungseingängen ist geschlossener.

In den 31 Einheiten ist der Gedanke von flexiblen, unterschiedlich nutzbaren Grundrissen konsequent umgesetzt. Jede Wohnung hat einen fest definierten Kern mit WC, Bad, Windfang, Abstellraum und breitem Korridor. Die übrige Fläche ist flexibel nutzbar. Gemäss den Baukastenplänen des Architekten ist sie mit sekundären Leichtelementen (Wände, Kasten-, Korpuselemente) individuell gestaltet.

Die Tiefgarage unter den Häusern an der Winzerstrasse vermittelt einen grosszügigen, wenn auch durch die tiefe Decke gedrungenen Eindruck. Rot bemalte Stützen und überdimensionierte rote Zahlen am Boden für die einzelnen Parkfelder bestimmen den Raum. Die Tiefgarage ist über eine schmale Öffnung nach Süden natürlich belichtet und belüftet. Bei Nacht brennen gelbe, blaue und weisse Leuchtstoffröhren. So entsteht über das Öffnungsband eine Licht-Wechselwirkung – bei Tag dringt das Sonnenlicht von aussen in den unterirdischen Raum, und wenn es draussen dunkel ist, scheint das farbige Neonlicht von innen auf die Quartierstrasse hinaus.

Die Materialisierung ist einfach, direkt und zurückhaltend. Aussen wurden Beton und Naturputz verwendet. Der Naturputz mit den schwarzen und roten Quarzeinsprengseln verändert sich im Lauf der Zeit – Regen macht ihn dunkler, wäscht ihn aus, dadurch wird er immer farbiger. Der Naturputz gleicht sich durch seinen unregelmässigen Auftrag und seine Fähigkeit, zu altern, an die Fassaden des umliegenden Quartiers an. Die Schiebejalousien sind aus eloxiertem Aluminium. Ihre Bronze-Färbung passt sich ein in Putz und Beton und verstärkt den homogenen Eindruck. Innen, in den halb öffentlichen Bereichen, sind die Flächen und Erschliessungszonen mit starken Farben markiert. Roter Hartbetonboden zieht sich wie ein Teppich über die Erschliessungstreppen. Die Terrassen und Balkone sind aus rezyklierbarem, fugenlosem Natur-Gummigranulat. Die Materialisierung der Privaträume entspricht dem Prinzip der Flexibilität und den persönlichen Bedürfnissen der Eigentümer.

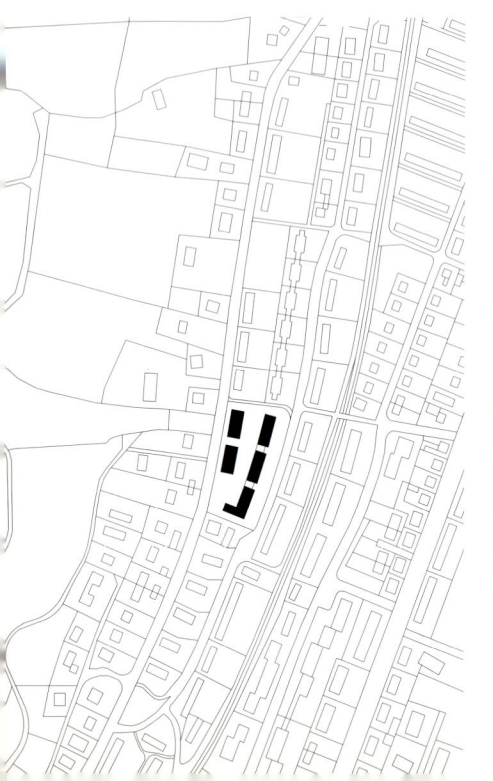

Wohnüberbauung **Weinbergstrasse**

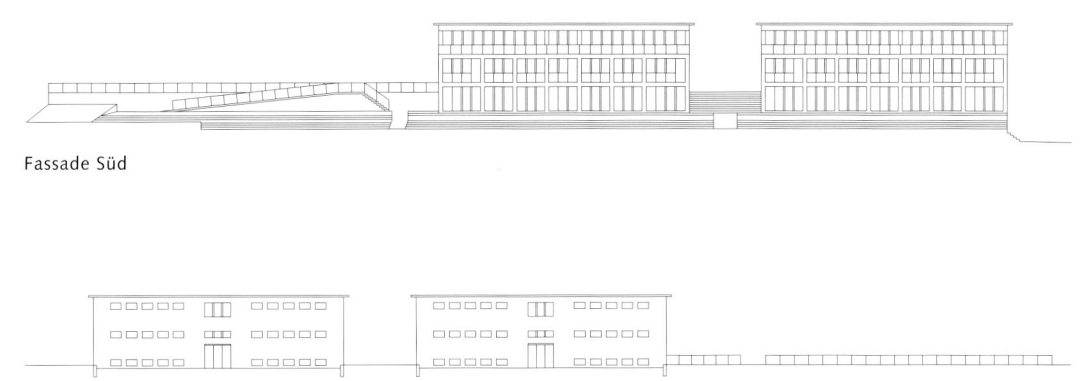

Fassade Süd

Fassade Nord

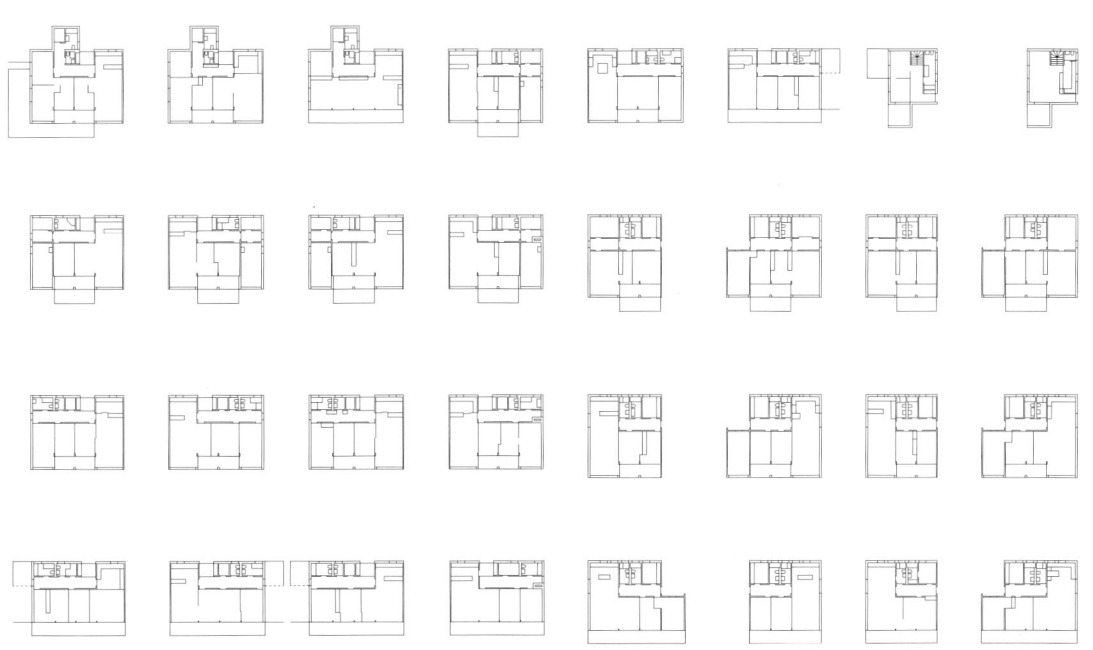

Flexible Grundrisse

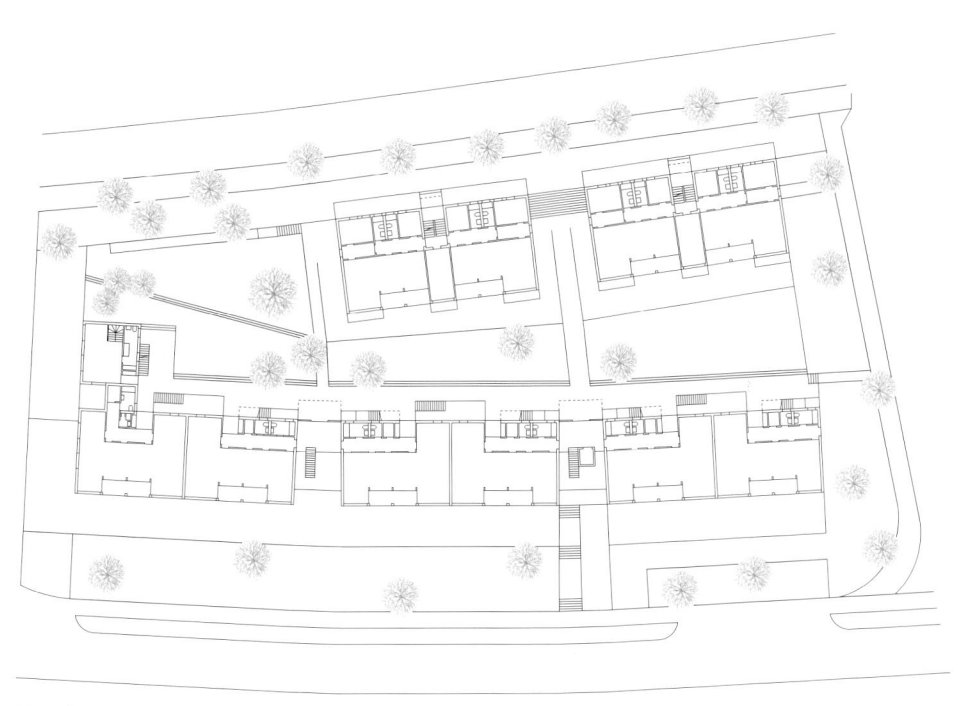

Umgebung

Programm:
43 Mietwohnungen
23 Eigentumswohnungen
Ort:
Ninck-Areal, Brühlgartenstrasse 2–12, Winterthur

Planung: 2000
Ausführung: 2001–2003

Bauherrschaft Mietwohnungen:
Anlagestiftung Pensimo, Zürich
Bauherrschaft Eigentumswohnungen:
Gesellschaft für Erstellung
billiger Wohnhäuser in Winterthur
Projektteam:
Beat Rothen, Simon Sutter,
Martin Schmid
Landschaftsarchitekt:
Rotzler Krebs Partner,
Winterthur
Künstlerisches Konzept:
Thomas Rutherfoord, Winterthur
Bauleitung:
Architekturbüro Kurt Gasser,
Winterthur

Das Ninck-Areal ist geprägt vom Zusammenprallen unterschiedlichster Massstäblichkeiten, Körnungen, städtebaulicher Typologien und Nutzungen. Markantester Bezugspunkt ist das 1963 bis 1966 erbaute Sulzer-Hochhaus im Nordosten des Areals, Imageträger des damals international tätigen Industriegrosskonzerns. Dominant sind die grosskalibrigen Bürohäuser des Sulzer-Konzerns an der Neuwiesenstrasse. An der Brühlgartenstrasse stehen einfache Mehrfamilienhäuser. Die Villa aus den Jahren 1906/07 im Kopfteil des Areals an der Neuwiesenstrasse gilt als Schlüsselwerk im Villenbau der Architekten Rittmeyer & Furrer. Jenseits der Eulach liegt die grosse Freifläche mit dem Fussballstadion Schützenwiesen, den Sportplätzen und den Eulachhallen für Messe-, Sport- und Mehrzwecknutzungen. Die Wohnüberbauung Ninck-Areal steht als eigenständige, starke Gesamtskulptur zwischen all diesen Gegensätzen und schafft Übergänge und Bezüge nach allen Seiten.

Die Tiefgarage erstreckt sich über die ganze Länge des Areals. Auf diesem unterirdischen Fundament stehen die vier Baukörper wie tanzende Skulpturen, die durch ihre Positionierung und Verzahnung zum Park hin untereinander und mit der Umgebung in vielfältigen Beziehungen stehen. Zum Park hin sind die vier Baukörper aufgelockert, entlang der Brühlgartenstrasse bilden sie eine Flucht. Durch diese Anordnung bleibt ein grosser Teil des Parks als halb öffentliche Freifläche bestehen.

In der Sprache der Baukörper und im architektonischen Ausdruck der Fassaden ist die Scharnierfunktion der vier Baukörper zu den unterschiedlichen angrenzenden Funktionen der Büro- und Wohnhäuser ablesbar.

Schiebbare Fassadenelemente aus verschieden farbig eloxiertem Aluminium vor den raumhohen Fenstern und den Loggias dienen zur individuellen Lichtregulierung und Schliessung. Durch das von den Bewohnern bestimmte Spiel mit den beweglichen Fassadenelementen präsentiert sich die im Grundsatz stringent und regelmässig aufgebaute Fassade nie gleichförmig. Die umlaufenden Gesimse im Bereich der Geschossdecken betonen die Gesamtfigur aller vier Baukörper.

Für die Geschosswohnungen sind zwei Wohnungstypologien entwickelt worden – Eckwohnungen und Wohnungen, die durchgehend über die ganze Tiefe des Hauses verlaufen. Bei den durchgehenden Wohnungen sind die Räume von Süden, von der Brühlgartenstrasse her, besonnt und belichtet; gegen Norden, zum Park hin, bieten sie Aussicht ins Grüne und Ruhe.

Grosse Entrees und überbreite Korridore unterstreichen die hohe Wohnqualität und bieten Raum für verschiedene Nutzungen. Die Zimmer, Badezimmer und Reduits sind als eigentliche Kompartimente innerhalb der Wohnungen über Vorzonen erschlossen.

Die Tiefgarage als der grösste Raum in der gesamten Überbauung ist mit farbigen Lichtquellen und einem durchgehend gelb eingefärbten Betonboden gestaltet. Die Aufgänge zu den Häusern werden durch unterschiedlich farbiges Licht betont und differenziert.

Wohnüberbauung Ninck-Areal

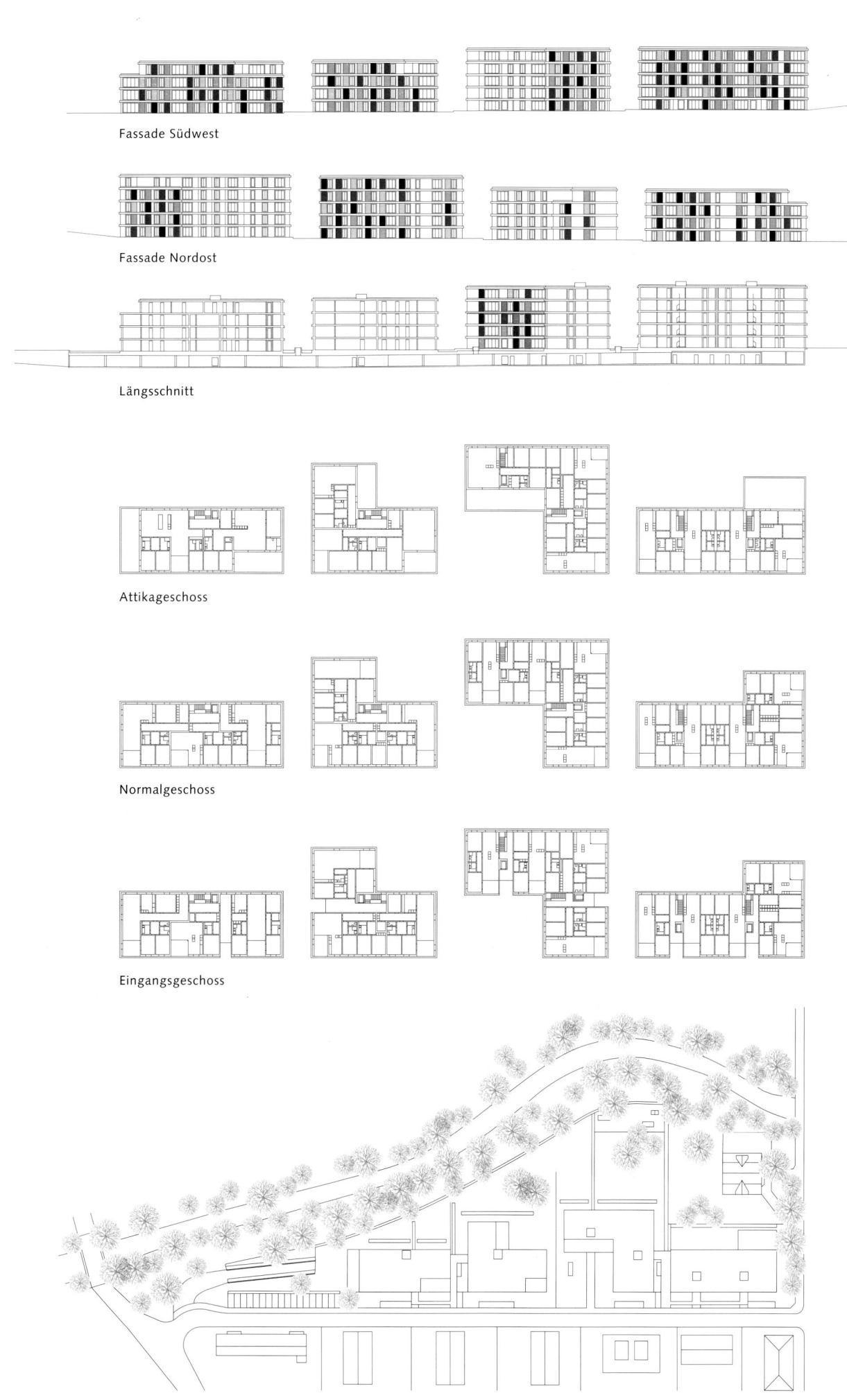

Fassade Südwest

Fassade Nordost

Längsschnitt

Attikageschoss

Normalgeschoss

Eingangsgeschoss

Umgebung

Anhang

Werkverzeichnis

Bauten

2005/2006
· Reiheneinfamilienhäuser Kronwiesen in Zürich (Wettbewerb 2004)

· Erweiterung Druckerei Heer in Sulgen

· Renovation Alte Börse in Zürich
· Umbau Zweifamilienhaus Zürichstrasse in Küsnacht

· Einfamilienhaus Weinbergstrasse in Winterthur

· Einfamilienhaus im Lenz in Hinwil

2004
· Mehrfamilienhaus Neumühlestrasse in Winterthur-Töss

2003
· Wohnüberbauung Ninck-Areal in Winterthur

2002
· Einfamilienhaus Hammerweg in Winterthur

2001
· Umbau Einfamilienhaus Winzerstrasse in Winterthur

· Terrassenhäuser zum Rebberg in Winterthur (Wettbewerb 1990)

2000
· Umbau Villa Sophora in Winterthur
· Reiheneinfamilienhäuser Rütihofstrasse in Winterthur

1999
· Wohnüberbauung Langgasse in Winterthur

1998
· Sanierung und Erweiterung Siedlung Zelgli in Winterthur (Wettbewerb 1995)

1997
· Einfamilienhaus in Uhwiesen

1996
· Wohnüberbauung Weinbergstrasse in Winterthur (Wettbewerb 1992), mit Robert Rothen

1990
· Hauseingang und Leuchtsäule Rundstrasse in Winterthur

Studien

2004
· Inventar und Unterhaltsplanung
  Alte Börse in Zürich
· Schulhaus Anton Graff in
  Winterthur

2003
· Kantonale Kliniken Sonnenbühl
  in Oberembrach
  und Brüschhalde in Männedorf

2000
· Sanierung und Erweiterung
  Siedlung Burriweg in Zürich

1998
· Hörnlistrasse Nr. 16 in
  Winterthur

1997
· Siedlung Winzerstrasse in
  Winterthur

Wettbewerbe

2005
· Wohnhäuser Husmatten in Stallikon, mit Peter Saxer, Zürich
· Wohnüberbauung Grünwald in Zürich-Höngg, mit Max Bosshard & Christoph Luchsinger, Luzern
· Wohnüberbauung «Claridapark» in Wald
· Wohn- und Geschäftsüberbauung Pier 9, St. Gallen

2004
· Areal Landert Motoren AG in Bülach

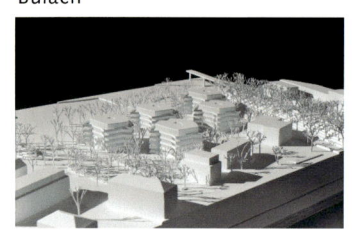

· Wohnsiedlung Wolfswinkel in Zürich-Affoltern (Überarbeitung)

2003
· Siedlungserneuerung und -verdichtung Dorfstrasse/Am Rain in Luzern (2. Preis)
· Areal Schenkelwiese in Winterthur

2002
· Neubauprojekt Modellstation Somosa in Winterthur

2001
· Dienstleistungs- und Wohngebäude «Luwa-Areal» in Zürich-Albisrieden

· Dienstleistungsgebäude Milchküchenareal Bahnhof SBB in Winterthur

· Cafeteria Museums- und Bibliotheksgebäude in Winterthur

2000
· Wohnüberbauung Paul Clairmont-Strasse in Zürich
· Alexander Bertea Dorftreff in Dietlikon

1999
· Freiraum- und Überbauungskonzept Zentrumsgebiet in Oberwinterthur

1998
· Wohnüberbauung Scheco-Areal in Winterthur

1997
· Heilpädagogische Schule Schaffhausen (2. Preis)

1996
· Primarschulhaus Dättnau in Winterthur

1995
· Erweiterung der Stadtbibliothek in Winterthur

1994
· Wohnsiedlung in Winterthur-Dättnau

1992
· Testplanung Winterthur-Stadtmitte, mit Mario Campi, Mirko Zardini, Kurt Hoppe

1990
· Gemeindezentrum Steinmaur (1. Preis)
· Wohnhäuser in Winterthur-Seen

· Schulhaus Oberseen in Winterthur

1989
· Erweiterung Kranken- und Altersheim in Seuzach (2. Preis)

1987
· Städtebaulicher Ideenwettbewerb in Aarau, mit Benedikt Graf
· Erneuerung Wohnsiedlung Aarepark in Solothurn, mit Benedikt Graf

Bibliografie

Hubertus Adam, «Vorgelagerte Wohn-Schichten. Sanierung und Erweiterung Siedlung Zelgli in Winterthur», in: *archithese*, Nr. 2, 1998

Hubertus Adam / Fabienne Girardin: «Renovation d'un ancien quartier ouvrier: entre tradition et modernité» (Sanierung und Erweiterung der Wohnsiedlung Zelgli in Winterthur), in: *habitation*, Nr. 4, 1998

J. Christoph Bürkle, «Permanenz im Provisorischen. Unkonventionelle Wohnhäuser von Beat Rothen», in: *Neue Zürcher Zeitung*, 5. März 1999

Jan Capol, «Die Neuen spielen mit Farbe und Form. Die Schweizer Architekten der Zukunft», in: *Bilanz*, Sondernummer Mai 2000

Florence Cristofaro, «Une maison dans la pente. Maison à Uhwiesen, Suisse», in: *le moniteur architecture amc*, Nr. 89, 1998

Pascal Derungs, Beitrag zu Sanierung und Erweiterung der Siedlung Zelgli und Neuwohnungen Langgasse Winterthur, in: SF DRS, *B.Magazin*, 10. März 2002

Thomas Drexel, «Die Hausverdoppelung. Sanierung und Erweiterung Siedlung Zelgli Winterthur», in: *umbauen erweitern renovieren*, Stuttgart/München: Deutsche Verlags-Anstalt, 2002

Thomas Drexel, «Zurückhaltend renoviert, zeitgemäss erweitert. Umbau Einfamilienhaus Winzerstrasse Winterthur», in: *umbauen erweitern renovieren*, Stuttgart/München: Deutsche Verlags-Anstalt, 2002

Christiane Gabler, «Hinter buntem Fiberglas. Beat Rothen: Wohnbau Neumühle Töss ZH», in: *archithese*, Nr. 1, 2005

Jutta Glanzmann, «Bewohnter Metallquader. Einfamilienhaus Hammerweg Winterthur», in: *archithese*, Nr. 6, 2002

Christoph Gunsser, «Vielfalt in der Einheit. Wohnsiedlung Weinbergstrasse Winterthur», in: *Neuer Geschosswohnungsbau*, München: Deutsche Verlags-Anstalt, 2000

Michael Hanak, «Ein Block am Hang. Einfamilienhaus Leibundgut in Uhwiesen», in: *archithese*, Nr. 3, 1997

Stefan Hartmann, «Neuer Schwung dank starker Architektur. Die Siedlung Zelgli der GWG Winterthur», in: *Wegweisend wohnen. Gemeinnütziger Wohnungsbau im Kanton Zürich an der Schwelle zum 21. Jahrhundert*, Zürich: Verlag Scheidegger & Spiess AG, 2000

Christian Holl, «Die dritte Schicht. Sanierung und Erweiterung der Wohnsiedlung Zelgli in Winterthur», in: *db – Deutsche Bauzeitung*, Nr. 10, 1998

Roderick Hönig, «Die Vorstadt im Zentrum. Wohnüberbauung Ninck-Areal Winterthur», in: *Hochparterre*, Nr. 3, 2003 (Beilage)

Roderick Hönig, «Die Erweiterung der Erweiterung. Kleinwohnungen Langgasse Winterthur», in: *Hochparterre*, Nr. 12, 1999

Roderick Hönig, «Wohnen in Tranchen. Sanierung und Erweiterung
Siedlung Zelgli in Winterthur», in: *Hochparterre*, Nr. 4, 1998

Lore Kelly, «Innovativer Shootingstar» in: *Architektur & Technik*,
Nr. 11, 2003

Michael Lütscher, «Neuer Charme in alten Hüllen.
Sanierung und Erweiterung Siedlung Zelgli in Winterthur», in:
Bilanz, Sondernummer Mai 1998

Rahel Marti, «Der Bau, der sich den Bewohnern anpasst.
Einfamilienhaus Hammerweg Winterthur», in: *SonntagsZeitung*,
7. September 2003

Adrian Mebold, «Die Hülle ist die eigentliche Botschaft.
Wohnüberbauung Neumühlestrasse Winterthur-Töss», in:
Der Landbote, 9. August 2004

Adrian Mebold, «Als ein Badezimmer noch ein Luxus war. Sanierung
und Erweiterung Siedlung Zelgli in Winterthur», in: *Der Landbote*,
24. Juni 1995

Adrian Mebold, «Das Projekt Weinbergstrasse schreibt die
Siedlungsgeschichte fort. Wohnüberbauung Weinbergstrasse in
Winterthur», in: *Der Landbote*, 25. September 1993

Caspar Schärer, «Vom Luxus guter Architektur»
(Einfamilienhaus in Hinwil), in: *Tages-Anzeiger*, 24. Februar 2005

Ulrich Scheibler, «Freiheit für alle im Einfamilienhausquartier.
Einfamilienhaus Hammerweg in Winterthur», in: *Der Landbote*,
20. Juni 2002

Ulrich Scheibler, «Für manche ein Fremdkörper im Quartier. Reihenhäuser Rütihofstrasse Winterthur», in: *Der Landbote*, 5. Januar 2001

Ulrich Scheibler, «Die Überbauung Weinbergstrasse.
Anknüpfung an die Winterthurer Wohnbautradition», in:
Winterthurer Jahrbuch 1997

Brigitte Selden, «Farblicher Akzent in heterogener Umgebung.
Wohnüberbauung Neumühlestrasse in Winterthur-Töss», in:
Neue Zürcher Zeitung, 6. Juli 2004

Brigitte Selden / Gaston Wicky, «Einfamilienhaus Hammerweg
in Oberwinterthur», in: *Neues Wohnen in der Schweiz*,
Stuttgart/München: Deutsche Verlags-Anstalt, 2003

Brigitte Selden, «Günstig, städtisch und in Zentrumsnähe.
Die Wohnüberbauung auf dem Winterthurer Ninck-Areal», in:
Neue Zürcher Zeitung, 23. Dezember 2002

Brigitte Selden / Gaston Wicky, «Klar, pragmatisch und
unkonventionell», in: *Atrium – Haus und Wohnen International*,
März/April 2002

Brigitte Selden / Gaston Wicky, «Klar, pragmatisch und
unkonventionell», in: *Ideales Heim*, Mai 2001

Brigitte Selden, «Eine besondere Häuserreihe in Winterthur. Reihenhäuser Rütihofstrasse in Winterthur», in: *Neue Zürcher Zeitung*, 28. Dezember 2000

Brigitte Selden, «Weiterbauen an Bestehendem – eine unspektakulär effiziente Sanierung der Siedlung Zelgi in Winterthur», in: *Neue Zürcher Zeitung*, 29. Juni 1998

Brigitte Selden, «Abstrakte Skulptur am Hang. Einraum-Wohnhaus in Uhwiesen bei Schaffhausen», in: *Bauwelt*, Nr. 3, 1998

Brigitte Selden, «Einraum-Wohnhaus für einen Junggesellen. Einfamilienhaus Leibundgut in Uhwiesen», in: *Atrium, Haus und Wohnen International*, Januar/Februar 1998

Reto Westermann, «Haus mit zwei Gesichtern. Sanierung und Erweiterung Sieldung Zelgi in Winterthur», in: *Beobachter (Bauen/Wohnen)*, 3. Mai 2002 (Beilage)

«Casa a Uhwiesen», in: *Rivista tecnica*, Mai/Juni 1999

«Grossformatige Tafeln für ein Pultdach. Einfamilienhaus in Uhwiesen», in: *A + D – Architecture + Detail*, Nr. 18, 2002

«Fünf Häuser in einer Reihe. Rütihofstrasse Winterthur, Werk-Material», in: *Werk, Bauen + Wohnen*, Nr. 5, 2002

«Kupfer-Titan-Zink-Mantel. Einfamilienhaus Hammerweg Winterthur», in: *Hochparterre*, Nr. 11, 2002

«Neu in Winterthur. Kleinwohnungen Langgasse Winterthur», in: *db – Deutsche Bauzeitung*, Nr. 3, 2000

«Reiheneinfamilienhäuser an der Rütihofstrasse in Winterthur», in: *Winterthurer Jahrbuch 2001*

«Sanierung und Erweiterung Siedlung Zelgli, Winterthur», in: *Eternit Schweiz – Architektur und Firmenkultur seit 1903*, Verlag gta ETH Zürich, 2003

«Sanierung und Erweiterung Siedlung Zelgli Winterthur», in: *Winterthurer Jahrbuch 1998*

«Unter einem Dach. Fin de chantier – fünf Reihenhäuser an der Rütihofstrasse in Winterthur», in: *Hochparterre*, Nr. 11, 2000

«Weiterbauen an der Siedlung Zelgli. Kleinwohnungen Langgasse Winterthur», in: *Winterthurer Jahrbuch 2000*

«Wohnsiedlung Weinbergstrasse, Winterthur – Werk-Material», in: *Werk, Bauen + Wohnen*, Nr. 3, 1999

«Wohnüberbauung Ninck-Areal», in: *Winterthurer Jahrbuch 2004*

«Wohnüberbauung Ninck-Areal Winterthur», in: *le moniteur architecture amc*, September 2004

Ausstellungen, Auszeichnung

2003
13.10. – 2.11.2003
Kornhausforum Bern, «**Stand der Dinge; Wohnen in Bern**»,
Ausstellung über innovative Wohnbaubeispiele aus der Schweiz,
mit Sanierung und Erweiterung Wohnsiedlung Zelgli Winterthur
15.5. – 21.6.2003
ETH Zürich, Eternit Schweiz – Architektur und Firmenkultur
seit 1903
12.9. – 30.11.2003
Sanierung und Erweiterung Wohnsiedlung Zelgli,
Winterthur und **Forum d'architectures Lausanne**

1999
Architektur Forum Zürich
Einzelausstellung 10.3 – 9.4.1999, im Rahmen der Reihe
«Junge Schweizer Architektinnen und Architekten»

2001
Auszeichnung guter Bauten im Kanton Zürich für Sanierung und
Erweiterung der Siedlung Zelgli in Winterthur

Mitarbeiterinnen und Mitarbeiter

Florian Aeberhard
Gerda Brändli
Andrea Casiraghi
Christine Demander
Matthias Denzler
Sandra Frei
Julia Geissler
Walter Gubler
Franziska Hartmeier
Marius Hauenstein
Kuno Hermann
Hans-Henning Hinrichsen
Matthias Hochuli
Thomas Huber
Christoph Hug
Andreas Hürsch
Markus Kägi
Alex Kalberer
Michel Kempter
Matthias Kohler
Cyril Kramer
Olivier Kübler
Astrid Kurth
Reto Lüthi
Felix Peyer
Cornelius Rechsteiner
Manuel Riesterer
Robert Rothen
Peter Saxer
Lukas Scheck
Martin Schmid
Samuel Schwitter
Oliver Strässle
Fabian Sträuli
Simon Sutter
Anja Vetsch
Matthias Weber
Dominik Wenger
Benjamin Widmer
Claudia Wolf
Judith Wydler

Beat Rothen
Dipl. Architekt ETH/SIA/BSA

24. Januar 1957	geboren in Winterthur
1974 – 1977	Hochbauzeichnerlehre in Winterthur
1979 – 1982	Ausbildung Technikum Winterthur Diplom Architekt HTL
1982 – 1983	Übertrittskurs HTL – ETH Zürich
1983 – 1986	Architekturstudium ETH Zürich Diplom bei Prof. Dolf Schnebli
1986 – 1989	Architekt bei Prof. Mario Campi und Franco Pessina, Lugano
1989 – 1995	Assistent bei Prof. Mario Campi, ETH Zürich
seit 1989	eigenes Architekturbüro in Winterthur
1998 – 2002	Mitglied der Stadtbildkommission Winterthur
seit 2001	Diplom Experte ZHW Winterthur
seit 2001	Mitglied BSA Bund Schweizer Architekten

Bildnachweis

	Seite
Hubertus Adam	13 Abb. 2–4, 14
Hans Finsler	15 Abb. 8 aus: *Hans Finsler. Neue Wege der Photographie*, Bern S. 57 unten; Abb. 9 aus: *archithese*, Heft 6, 1983, S. 31, Abb. 6
Thomas Flechtner	26|27, 28, 30, 46|47, 48|49, 49, 50 unten, 60|61, 62|63, 63, 64|65, 66, 67, 114
Ralph Hut	70|71, 72, 73, 74, 74|75
Susanne Stauss	115
Gaston Wicky	29, 31, 32|33, 34, 35, 36, 37, 38|39, 40, 41, 42, 43, 50 oben, 51, 52|53, 54, 55, 56, 57, 68, 69, 76|77, 78, 79, 80, 80|81, 82, 83
Lithographie der Anstalt Wurster, Randegger & Co.	13 Abb.1, aus: Andreas Hauser, *Winterthur. Architektur und Städtebau 1850–1920*, herausgegeben von der Gesellschaft für Schweizerische Kunstgeschichte, Zürich 2001, S. 58

- **Allreal** Zürich
  Generalunternehmung AG
- **APT Ingenieure GmbH** Zürich
  Bauingenieurbüro
- **Brunner Parkett AG** Winterthur
- **Cassinelli-Vogel-Stiftung** Zürich
- **dornbierer + partner** Winterthur
  Architekturmodellbau
- **Dürsteler Baurealisierung** Winterthur
  Ingenieurbüro
- **EgoKiefer AG** St.Gallen
  Fenster & Türen
- **Elibag** Elgg
  Elgger Innenausbau AG
- **Eternit AG** Niederurnen
  Faserzementprodukte
- **Robert Fehr AG** Andelfingen
  Schreinerei Innenausbau
- **Forster** Arbon
  Küchen- & Kühltechnik AG
- **Kurt Gasser** Winterthur
  Architekturbüro
- **Gemeinnützige Wohnbaugenossenschaft** Winterthur
- **Heliodruck GmbH** Winterthur
  Lichtpausen + Kopien
- **Hofmann** Winterthur
  Gartenbau AG
- **Jaloumatic AG** Villmergen
  Alu-Fensterläden
- **Lerch AG** Winterthur
  Bauunternehmung
- **Maillard** Winterthur
  Bedachungen AG
- **Rheinzink (Schweiz) AG** Baden-Dättwil
  Titanzink für Dächer und Fassaden
- **Russo** Winterthur
  Haustechnik-Planung GmbH
- **Schnewlin + Küttel AG** Winterthur
  Bauingenieurbüro
- **Schröckel AG** Winterthur
  Maler-, Spritz-, Isoliergeschäft
- **Ernst Schweizer AG** Zürich
  Metallbau
- **Scobalit AG** Winterthur
  Faserverstärkte Kunststoffe
- **Stahel & Co. AG** Winterthur
  Malergeschäft
- **Sucoflex** Pfäffikon ZH
  Roofing and Waterproof Systems
- **Guido Thaler AG** Winterthur
  Gipsergeschäft
- **Gaston Wicky** Zürich
  Fotografisches Atelier

Wir danken allen aufgeführten Firmen für die wertvolle Unterstützung dieses Buches.